Sen | Elemente einer Theorie
der Menschenrechte

[Was bedeutet das alles?]

Amartya Sen

Elemente einer Theorie der Menschenrechte

Aus dem Englischen übersetzt
von Ute Kruse-Ebeling

Mit einem Nachwort
von Christian Neuhäuser

Reclam

2020 Philipp Reclam jun. Verlag GmbH,
Siemensstraße 32, 71254 Ditzingen

© 2004 Amartya Sen
Der Aufsatz erschien erstmals in: Philosophy and Public Affairs 32
(2004) Nr. 4. © 2004 by John Wiley & Sons.

Umschlaggestaltung: Cornelia Feyll, Friedrich Forssman
Druck und Bindung: GGP Media GmbH,
Karl-Marx-Straße 24, 07381 Pößneck
Printed in Germany 2020
RECLAM ist eine eingetragene Marke
der Philipp Reclam jun. GmbH & Co. KG, Stuttgart
ISBN 978-3-15-011321-9

Auch als E-Book erhältlich

www.reclam.de

Inhalt

Elemente einer Theorie
der Menschenrechte

I. Die Notwendigkeit einer Theorie

Wenige Begriffe werden in gegenwärtigen politischen Diskussionen so häufig ins Feld geführt wie die Menschenrechte. Die Idee, dass jede Person auf der Welt, unabhängig davon, wo sie lebt, und ungeachtet ihrer Staatsbürgerschaft oder der Rechtsprechung ihres Landes, einige Grundrechte hat, die andere achten sollten, hat etwas höchst Reizvolles an sich. Die moralische Anziehungskraft der Menschenrechte ist für vielerlei Zwecke genutzt worden: um Widerstand gegen Folter und willkürliche Inhaftierung zu leisten ebenso, wie um ein Ende von Hunger und mangelnder ärztlicher Versorgung zu fordern.[1]

Gleichzeitig halten viele die zentrale Idee der Menschenrechte als etwas, das Menschen haben, und zwar auch ohne jede spezifische Gesetzgebung haben, für grundlegend fragwürdig und wenig überzeugend. Eine wiederkehrende Frage lautet, woher diese Rechte eigentlich kommen. Gewöhnlich wird nicht bestritten, dass die Berufung auf Menschenrechte politisch gesehen schlagkräftig sein kann. Vielmehr beziehen sich die Bedenken auf das, was für die »Weichheit« oder »Schwäche« (manche würden »Verschwommenheit« sagen) der konzeptionellen Grundlage gehalten wird. Viele Philosophen und Rechtstheoretiker halten die Rhetorik der Menschenrechte nur für loses Gerede – für vielleicht wohlgesinnte und gut gemeinte Formen der Ausdrucksweise, aber eben dennoch loses Gerede.

Der Gegensatz zwischen der weitverbreiteten Anwendung der Idee der Menschenrechte und der intellektuellen Skepsis gegenüber ihrer begrifflichen Fundiertheit ist nicht neu. Die US-amerikanische Unabhängigkeitserklärung erachtete es 1776 für »selbstverständlich«, dass alle Menschen von »ihrem Schöpfer mit gewissen unveräußerlichen Rechten ausgestattet« sind, und 13 Jahre später behauptete die Französische Erklärung der Menschenrechte, dass die Menschen »von Geburt an frei und gleich an Rechten« sind und bleiben. Doch Jeremy Bentham[2] brauchte nicht lange, um in seinen zwischen 1791 und 1792 geschriebenen *Anarchical Fallacies* [*Anarchische Trugschlüsse*] (die sich gegen die französischen Menschenrechte richteten), die völlige Zurückweisung aller solcher Ansprüche zu formulieren. Bentham bestand darauf, dass »natürliche Rechte schlichter Unsinn sind: natürliche und unveräußerliche Rechte (ein amerikanischer Ausdruck), rhetorischer Unsinn, Unsinn auf Stelzen«.[3] Dieser Verdacht bleibt auch heute sehr lebendig, und trotz beharrlicher Anwendung der Idee der Menschenrechte in der Praxis gibt es viele, die die Idee der Menschenrechte als nichts anderes als einen »Papiertiger« ansehen, um eine weitere von Benthams bissigen Darstellungen von Forderungen natürlicher Rechte zu verwenden.

Die Zurückweisung von Menschenrechten ist häufig umfassend und richtet sich gegen jedwede Überzeugung, dass es Rechte gibt, die Menschen bedingungslos, einfach kraft ihres Menschseins besitzen können (statt sie kontingent auf Grund bestimmter Voraussetzungen, wie etwa Staatsangehörigkeit oder Rechtsansprüchen, zu besitzen). Einige Kritiker schlagen jedoch eine differenziertere Ablehnung vor: Sie akzeptieren die allgemeine Idee der Menschenrechte, schließen jedoch von der akzeptablen Liste bestimmte Klassen vorgeschlagener Rechte aus, insbesondere die sogenannten wirtschaftlichen und sozialen Rechte oder Wohlfahrtsrechte. Diese Rechte, die manchmal als »Rechte der zweiten Generation« bezeichnet werden, wie beispielsweise ein allgemeiner Anspruch auf einen angemessenen Lebensstandard oder auf ärztliche Versorgung, sind mehrheitlich erst vor verhältnismäßig kurzer Zeit zu den früheren hinzugekommen und haben dadurch den Anspruchsbereich der Menschenrechte stark erweitert.[4] Diese Ergänzungen haben sicherlich die gegenwärtige Literatur über Menschenrechte weit über die Erklärungen des 18. Jahrhunderts hinausgeführt, die sich auf eine engere Klasse von »Rechten der Menschen« [»rights of man«] konzentrierten, zu denen solche Ansprüche wie die persönliche und politische Freiheit gehörten. Diese neueren Aufnahmen sind einer spezielleren Skepsis ausgesetzt, bei der die Kritiker auf die Probleme ihrer praktischen Umsetzung und ihre Abhängigkeit von spezifischen sozialen

Institutionen, die vorhanden sein können oder auch nicht, abheben.[5]

Menschenrechtsaktivisten sind solchen Kritiken gegenüber oft recht unduldsam. Die Berufung auf Menschenrechte kommt tendenziell meist von Menschen, denen es darum geht, die Welt zu verändern, statt sie zu interpretieren (um eine klassische Unterscheidung zu bemühen, die – seltsamerweise – ausgerechnet durch den allumfassenden Theoretiker Karl Marx[6] berühmt wurde). In Anbetracht der großen Dringlichkeit, auf die katastrophalen Entbehrungen auf der ganzen Welt zu reagieren, fällt es nicht schwer zu verstehen, dass sie keine Zeit mit einer konzeptionellen Rechtfertigung verschwenden wollen. Diese aktive Haltung hat ihre praktischen Vorzüge gehabt, da sie ermöglicht hat, die ungeheure Anziehungskraft der Idee der Menschenrechte unmittelbar dafür zu nutzen, starker Unterdrückung oder großer Not entgegenzutreten, ohne darauf warten zu müssen, dass auf theoretischer Ebene Klarheit geschaffen wird. Doch es müssen auch befriedigende Antworten auf die konzeptionellen Zweifel gefunden werden, wenn man der Idee der Menschenrechte wohlbegründet folgen und sie eine sichere intellektuelle Stellung für sich beanspruchen soll. Von entscheidender Bedeutung ist, das Verhältnis zwischen der Überzeugungs- und Anziehungskraft der Menschenrechte einerseits und ihrer begründeten Rechtfertigung und hinterfragten Anwendung andererseits zu verstehen.

Ein gewisses Maß an Theorie und auch eine gewisse Verteidigung jeder vorgeschlagenen Theorie ist daher notwendig. Genau das ist Gegenstand dieses Aufsatzes. In diesem Zusammenhang soll die Rechtfertigung der allgemeinen Idee der Menschenrechte und auch der möglichen Aufnahme von wirtschaftlichen und sozialen Rechten in die allgemeine Klasse der Menschenrechte geprüft werden. Damit eine solche Theorie umsetzbar ist, gilt es zu klären, welche Art von Anspruch durch eine Menschenrechtserklärung erhoben wird, wie ein solcher Anspruch verteidigt werden kann, und wie darüber hinaus den verschiedenen Kritiken an der Kohärenz, Stichhaltigkeit und Legitimität der Menschenrechte (einschließlich der wirtschaftlichen und sozialen Rechte) angemessen begegnet werden kann. Das ist das Ziel dieses Aufsatzes.

Bevor ich jedoch mit dieser Untersuchung beginne, möchte ich noch einen Punkt klarstellen. Die Rhetorik der Menschenrechte kommt manchmal bei bestimmten, von der Idee der Menschenrechte inspirierten Gesetzgebungen zur Anwendung. Natürlich ist es nicht weiter schwierig, den offensichtlichen rechtlichen Status dieser bereits gesetzlich verankerten Ansprüche zu verstehen. Unabhängig davon, welchen Namen sie tragen (ob nun »Menschenrechtsgesetze« oder irgendeine andere Bezeichnung), stehen sie Seite an Seite mit anderen etablierten Rechtsvorschriften. Die vorliegende Untersuchung über die Grundlagen und die Stichhaltigkeit der Menschenrechte hat keine direkte Bedeutung für die offensichtliche *Rechtsverbindlichkeit* dieser »Menschenrechtsgesetze«, sobald sie erst einmal ordnungsgemäß gesetzlich erlassen wurden. Im Hinblick auf diese Gesetze würde die Bedeutung dieser Untersuchung, wenn überhaupt, eher in der *Motivation* liegen, die zum Erlass solcher Gesetze führt und die sich auf die vorgesetzliche Stellung dieser Ansprüche stützt.

Tatsächlich sind viele Rechtsakte und rechtliche Abkommen oder Konventionen (wie etwa die »Europäische Konvention zum Schutze der Menschenrechte und Grundfreiheiten«) eindeutig von einem Glauben an bestimmte, immer schon gegebene Rechte aller Menschen inspiriert. Dies gilt sogar für die Verabschiedung der Verfassung der Vereinigten Staaten, einschließlich der Bill of Rights, die (wie bereits bemerkt wurde) mit der normativen Vision der US-amerikanischen Unabhängigkeitserklärung verbunden war. Die schwierigen Fragen im Hinblick auf den Status und die Stellung der Menschenrechte erheben sich im Bereich der Ideen, vor ihrer Verankerung im positiven Recht. Wir müssen außerdem untersuchen, ob die Gesetzgebung der vorrangige oder gar ein notwendiger Weg ist, durch den Menschenrechte umgesetzt werden können.

II. Zu beantwortende Fragen

Eine Theorie der Menschenrechte muss insbesondere auf folgende Fragen eingehen:

(1) Welche Art von Aussage trifft eine Menschenrechtserklärung?

(2) Weshalb sind Menschenrechte wichtig?

(3) Welche Pflichten ergeben sich aus den Menschenrechten?

(4) Durch welche Handlungen und Maßnahmen können Menschenrechte gefördert werden, und muss insbesondere die Gesetzgebung das vorrangige oder gar ein notwendiges Mittel zur Umsetzung von Menschenrechten sein?

(5) Können wirtschaftliche und soziale Rechte (die sogenannten »Rechte der zweiten Generation«) begründet zu den Menschenrechten gehören?

(6) Und zu guter Letzt: Wie können Vorschläge für Menschenrechte verteidigt oder in Frage gestellt werden, und wie sollte ihr Anspruch auf einen universellen Status, besonders in einer Welt mit großen kulturellen Unterschieden und sehr vielfältigen Praktiken, bewertet werden?

Auf diese Fragen wird im Folgenden der Reihe nach eingegangen. Doch da es sich hier nicht um eine Detektivgeschichte handelt, sei es mir vielleicht gestattet, bereits vorab die vorgeschlagenen Antworten zu umreißen, in der Hoffnung, dass dies dazu beitragen

könnte, diesem langen und nicht ganz unkomplizier-
ten Aufsatz zu folgen (auch wenn jede zusammen-
fassende Formulierung ein gewisses Risiko einer zu
groben Vereinfachung mit sich bringt).

(1) Menschenrechte können als in erster Linie moralische Ansprüche verstanden werden. Sie sind nicht
vornehmlich »legale«, »proto-legale« oder »ideal-le-
gale« Gebote. Obgleich Menschenrechte die Gesetzgebung inspirieren können und dies auch oft tun,
stellt dies eher eine weitere Tatsache als ein konstitu-
tives Merkmal der Menschenrechte dar.

(2) Die Bedeutung der Menschenrechte hängt mit
der Bedeutsamkeit der Freiheiten zusammen, die den
Gegenstand dieser Rechte bilden. Sowohl der Möglichkeitsaspekt als auch der Prozessaspekton Freiheiten kann bei Menschenrechten eine Rolle spielen. Um
sich als Grundlage der Menschenrechte zu qualifizieren, müssen die Freiheiten, die verteidigt oder gefördert werden sollen, gewisse »Schwellenbedingungen«
der (i) besonderen Bedeutung und (ii) sozialen Beeinflussbarkeit erfüllen.

(3) Aus Menschenrechten ergeben sich Gründe
zum Handeln für Akteure, die in der Lage sind, bei
der Förderung oder dem Schutz der zugrunde liegenden Freiheiten Hilfe zu leisten. Die resultieren-
den Pflichten umfassen in erster Linie die Pflicht, angemessen über die Gründe zum Handeln und deren praktischen Auswirkungen nachzudenken und
dabei die relevanten Parameter des Einzelfalls zu
berücksichtigen. Die Gründe zum Handeln können

sowohl »vollkommene« Pflichten als auch »unvoll-kommene« Pflichten, die weniger genau beschrieben sind, stützen. Obgleich sie sich hinsichtlich ihres Inhalts voneinander unterscheiden, korrelieren unvollkommene Pflichten auf ganz ähnliche Weise mit den Menschenrechten wie vollkommene Pflichten. Vor allem geht die Akzeptanz von unvollkommenen Pflichten über freiwillig geleistete Spenden oder optionale, nicht unbedingt notwendige Tugenden hinaus.

(4) Die Umsetzung der Menschenrechte kann weit über die Gesetzgebung hinausgehen, und eine Theorie der Menschenrechte lässt sich vernünftigerweise nicht auf das juristische Modell beschränken, in das es häufig gepresst wird. So können beispielsweise öffentliche Anerkennung und öffentliches Engagement (einschließlich des Monitorings, d. h. der Überwachung und Beobachtung von Verstößen) Teil der – häufig unvollkommenen – Pflichten sein, die sich aus der Anerkennung der Menschenrechte ergeben. Außerdem werden einige anerkannte Menschenrechte idealerweise nicht gesetzlich verankert, sondern besser mit anderen Mitteln gefördert, unter anderem mit öffentlicher Diskussion und Bewertung sowie mit einem öffentlichen Eintreten für sie (ein wesentlicher Punkt, der Mary Wollstonecraft[7] nicht weiter überrascht hätte, deren *A Vindication of the Rights of Woman. With Strictures on Political and Moral Subjects* [*Eine Verteidigung der Rechte der Frau*] 1792 veröffentlicht wurde).

(5) Die Menschenrechte können wichtige und beeinflussbare wirtschaftliche und soziale Freiheiten einschließen. Wenn sie auf Grund einer unzureichenden Institutionalisierung nicht umgesetzt werden können, dann kann es Teil der sich aus der Anerkennung dieser Rechte ergebenden Pflichten sein, auf eine Erweiterung oder Reform der Institutionen hinzuarbeiten. Die Tatsache allein, dass sich irgendein akzeptiertes Menschenrecht, das durch institutionelle oder politische Veränderungen gefördert werden kann, aktuell noch nicht umsetzen lässt, verwandelt diesen Anspruch noch nicht in ein *Nicht*-Recht.

(6) Die Universalität der Menschenrechte hängt mit der Idee der »Überlebensfähigkeit« bzw. des »Standhaltenkönnens« in einer ungehinderten Diskussion zusammen – einer Diskussion, die auch der Teilnahme von Personen über nationale Grenzen hinaus offensteht. Parteilichkeit wird weniger dadurch verhindert, dass man entweder eine *Verbindung* oder *Schnittmenge* der Ansichten bildet, die von den jeweils dominanten Stimmen in den verschiedenen Gesellschaften (einschließlich sehr repressiver Stimmen) weltweit vertreten werden, als vielmehr durch einen *interaktiven* Prozess, indem man insbesondere prüft, was einer öffentlichen Diskussion standhalten würde, wenn der Informationsfluss angemessen frei wäre und die uneingeschränkte Möglichkeit bestünde, verschiedene Meinungen zu diskutieren. Adam Smiths[8] Beharren darauf, dass eine moralische Über-

prüfung erfordert, dass man moralische Überzeugungen unter anderem mit »einem gewissen Abstand« überprüft, wirkt sich unmittelbar auf den Zusammenhang zwischen den Menschenrechten und dem globalen öffentlichen Diskurs bzw. öffentlichen Vernunftgebrauch [*public reasoning*[9]] aus.

III. Menschenrechte: Ethik und Recht

Welche Art von Aussage wird in einer Menschenrechtserklärung getroffen? Ich würde behaupten, dass Verkündungen von Menschenrechten als Artikulationen moralischer Ansprüche verstanden werden müssen. Sie sind insofern vergleichbar mit Behauptungen der utilitaristischen Ethik, obwohl ihre jeweiligen wesentlichen Inhalte natürlich sehr verschieden sind. Wie bei anderen moralischen Ansprüchen, die Anerkennung verlangen, wird bei Behauptungen, die man über Menschenrechte aufstellt, implizit angenommen, dass die zugrunde liegenden moralischen Ansprüche einer offenen und fundierten Überprüfung standhalten. Die Berufung auf ein solches interaktives Verfahren der kritischen Überprüfung, das sowohl offen für Informationen (einschließlich solcher über andere Gesellschaften) als auch für Argumente von nah und fern ist, stellt ein zentrales Merkmal der Theorie der Menschenrechte, wie sie hier vorgeschlagen wird, dar. Sie unterscheidet sich sowohl (i) von dem Versuch, die Ethik der Menschenrechte in Bezug auf geteilte – und bereits etablierte – universelle Werte zu rechtfertigen (die unkomplizierte »unparteiliche« Ansicht), als auch (ii) von dem Verzicht auf jedweden Anspruch, an universellen Werten festzuhalten (und insofern jeglichen Anspruch auf »Unparteilichkeit« aufzugeben) zugunsten einer bestimmten politischen Konzeption, die an die gegenwärtige Welt angepasst ist.[10]

Diese Themen, die die Grundlagendisziplin der moralphilosophischen Kritik betreffen, werden später in Abschnitt IX in Beantwortung der Frage (6) untersucht. Doch zunächst ist in Beantwortung der ersten Frage festzuhalten, dass Behauptungen, die man über Menschenrechte aufstellt, durch und durch moralische Artikulationen sind, und dass sie insbesondere *keine* vermeintlichen Rechtsansprüche darstellen, trotz beträchtlicher Verwirrungen hinsichtlich dieses Punkts, die nicht zuletzt durch Jeremy Bentham hervorgerufen wurden, der wie besessen auf die aus seinen Augen rechtlichen Anmaßungen eindrosch. (Ich werde später in diesem Abschnitt auf die Art der damit verbundenen Fehleinschätzung zurückkommen.)

Eine Behauptung, die man zu Menschenrechten aufstellt, schließt die Aussage mit ein, dass die mit diesen Rechten verbundenen Freiheiten wichtig sind – also jene Freiheiten, die in der Formulierung der in Frage stehenden Rechte bestimmt und privilegiert werden – und sie wird tatsächlich durch diese Wichtigkeit motiviert. So rührt beispielsweise das

Menschenrecht, nicht gefoltert zu werden, aus der Bedeutung her, die die Freiheit von Folter[11] für alle hat. Doch mit der Behauptung wird darüber hinaus zugleich die Notwendigkeit bekräftigt, dass andere überlegen müssen, was sie vernünftigerweise tun können, um für jeden die Freiheit von Folter sicherzustellen. An einen potentiellen Folterer gerichtet ist die Forderung natürlich ziemlich einfach, nämlich die Folter zu unterlassen und von ihr abzusehen. Die Forderung weist die klare Form dessen auf, was Immanuel Kant[12] als vollkommene Pflicht bezeichnete.[13] Doch auch für andere (d. h. für diejenigen, die nicht die potentiellen Folterer sind) bestehen Pflichten, wenngleich sie weniger spezifisch sind und in der allgemeinen Form von »unvollkommenen Pflichten« auftreten (um einen weiteren kantischen Begriff zu bemühen).[14] Die genau spezifizierte Forderung, niemanden zu foltern, wird um die allgemeinere und weniger exakt spezifizierte Forderung ergänzt, über die Möglichkeiten und Mittel nachzudenken, durch die Folter verhindert werden kann, und dann zu entscheiden, was man also vernünftigerweise tun sollte. Das Verhältnis zwischen Menschenrechten, Freiheiten und Pflichten wird in den Abschnitten IV bis VI näher untersucht.

Obgleich die Anerkennungen von Menschenrechten (mit ihren damit verbundenen Ansprüchen und Pflichten) moralische Bekenntnisse darstellen, müssen sie nicht allein bereits eine vollständige Blaupause für eine wertende Beurteilung liefern. Eine Übereinkunft über Menschenrechte schließt durchaus eine feste Verpflichtung ein, nämlich dazu, angemessen über die Pflichten nachzudenken, die aus dieser moralischen Zustimmung folgen. Doch auch wenn man sich über diese Bekenntnisse einig sein sollte, kann es, insbesondere im Fall von unvollkommenen Pflichten, immer noch zu ernsthaften Debatten darüber kommen, (i) wie man den Menschenrechten die ihnen gebührende Aufmerksamkeit am besten erweisen sollte, (ii) wie die verschiedenen Arten von Menschenrechten gegeneinander abgewogen und ihre jeweiligen Ansprüche gemeinsam eingebunden werden sollten, und (iii) wie die Ansprüche der Menschenrechte mit anderen wertenden Anliegen verbunden werden sollten, die vielleicht ebenfalls moralische Aufmerksamkeit verdienen, usw.[15] Eine Theorie der Menschenrechte kann Raum für weitere Diskussionen, Kontroversen und Streit lassen. Der Ansatz des freien, öffentlichen Diskurses, der für das Verständnis der Menschenrechte, wie es hier vorgeschlagen wird, von zentraler Bedeutung ist, kann sicherlich einige Streitfragen über den Umfang und Inhalt der Rechte klären (einschließlich der Bestimmung einiger klar tragfähiger Rechte und anderer, die schwer aufrechtzuerhalten wären), muss jedoch vielleicht andere Fragen, zumindest vorläufig, offenlassen.[16] Die Zulässigkeit eines Bereichs, in dem anhaltende Kontroversen ausgetragen werden, ist für eine Theorie der Menschenrechte kein Zeichen von Schwäche.[17]

Im Zusammenhang mit der praktischen Anwendung von Menschenrechten sind solche Debatten natürlich ziemlich verbreitet und vollkommen üblich, besonders unter Menschenrechtsaktivisten. Hier wird jedoch die Auffassung vertreten, dass die Möglichkeit, solche Debatten zu führen – ohne die grundlegende Anerkennung der Bedeutung der Menschenrechte zu verlieren –, nicht nur ein Merkmal dessen ist, was man als Menschenrechts*praxis* bezeichnen kann, sondern dass sie sogar Teil des allgemeinen Sachgebiets bzw. der *Disziplin* der Menschenrechte ist, einschließlich der ihr zugrunde liegenden Theorie (statt ein Zeichen von Schwäche für diese Disziplin zu sein). Die Anerkennung der Notwendigkeit, dass man die Menschenrechte moralisch berücksichtigen muss, macht solche Diskussionen keineswegs überflüssig, sondern lädt in Wirklichkeit zu ihnen ein. Eine Theorie der Menschenrechte kann daher erhebliche interne Unterschiede zulassen, ohne dadurch die Gemeinsamkeit des vereinbarten Prinzips zu verlieren, dass den Menschenrechten (und den dazugehörigen Freiheiten und Pflichten) eine wesentliche Bedeutung beigemessen werden muss und man dazu verpflichtet ist, ernsthaft zu überlegen, wie dieser Bedeutung angemessen Rechnung getragen werden sollte.

Derartige Unterschiede stellen nicht nur kein Zeichen von Schwäche dar, sondern sie begegnen tendenziell standardmäßig in allen allgemeinen, normativen Ethiktheorien. Tatsächlich lässt sich eine ähnliche Vielfalt innerhalb der nutzenzentrierten Ethik feststellen, auch wenn dieses Merkmal jener großen ethischen Disziplin häufig geringe oder keine Beachtung findet. Im Fall der nutzenbasierten Argumentation können sich Unterschiede nicht nur aus den unterschiedlichen Arten, wie man Nutzen interpretieren kann, ergeben (als *Freuden*, *Wunsch*erfüllungen oder Umsetzungen von *Entscheidungen*),[18] und auch nicht nur aus der anerkannten Heterogenität der Nutzen selbst (die sowohl von Aristoteles als auch von John Stuart Mill[19] klar erkannt wurde).[20] Vielmehr können sie sich auch aus den vielfältigen Weisen, wie Nutzenwerte verwendet werden können, ergeben, sei es durch bloße *Addition* oder durch *Multiplikation* (nach angemessener Normalisierung) oder durch die *Addition konkaver Transformationen* von Nutzenfunktionen, die allesamt innerhalb der Disziplin der nutzenbasierten Bewertung vorgeschlagen und weiter ausgearbeitet wurden.[21] Darüber hinaus kann die Disziplin der interpersonellen Nutzenvergleiche selbst alternative Verfahren der Nutzenquantifizierung zulassen und problemlos dabei gleichzeitig zulässigen Abweichungen innerhalb bestimmter Klassen »teilweiser Vergleichbarkeit« Rechnung tragen.[22] Dass es unterschiedliche Arten gibt, nutzenbasierte Argumentationen und alternative utilitaristische Verfahren anzuwenden, entkräftet nicht den allgemeinen Ansatz der nutzenzentrierten Ethik oder unterminiert ihn gar. Ebenso wenig wird die Ethik der Menschenrechte durch interne Unterschiede, die sie zulässt und einbindet, aufgehoben oder konterkariert.

Die Analogie zwischen Artikulationen von Menschenrechten und utilitaristischen Behauptungen oder Erklärungen ist daher durchaus klar ersichtlich, obwohl es dem großen Begründer des modernen Utilitarismus, Jeremy Bentham, gelang, diesen Zusammenhang in seinem klassischen Verriss der natürlichen Rechte im Allgemeinen und der »Rechte des Menschen« im Besonderen, vollkommen zu übersehen. Bentham glaubte, der angemessene Vergleich sei der zwischen der jeweiligen rechtlichen Bedeutung von (1) Menschenrechtserklärungen und (2) tatsächlich gesetzlich erlassenen Rechten. Kaum überraschend stellte er fest, dass ersteren im Wesentlichen der gesetzliche, rechtsgültige Status fehlte, wie ihn letztere mehr als offensichtlich aufwiesen. Benthams Zurückweisung der Menschenrechte folgte daher erstaunlich prompt.

> Das *Recht*, das substantielle *Recht*, ist Kind des Gesetzes; aus *realen* Gesetzen gehen *reale* Rechte hervor; doch aus *eingebildeten* Gesetzen, aus dem »Naturgesetz« [können nur] »*eingebildete* Rechte« hervorgehen.[23]

Es ist unschwer zu erkennen, dass Benthams Zurückweisung der Idee natürlicher »Rechte des Menschen« im Wesentlichen von einer Rhetorik abhängt, die einen bevorzugten Gebrauch von dem Begriff »Rechte« in seiner spezifisch juristischen Interpretation macht. Doch insofern, als Menschenrechte bedeutsame moralische Ansprüche darstellen sollen, ist der Hinweis darauf, dass sie nicht von sich allein Rechtsgültigkeit oder institutionelle Kraft besitzen, mehr als offensichtlich, aber darüber hinaus auch ziemlich unerheblich für die Disziplin der Menschenrechte.[24] Der angemessene Vergleich besteht sicherlich zwischen:

(1) einer nutzenbasierten Ethik (verfochten von Bentham höchstpersönlich), die die intrinsische moralische Bedeutung in Nutzen, hingegen keine moralische Bedeutung in Menschenrechten oder menschlichen Freiheiten sieht (jede Rolle, die letztere im utilitaristischen System einnehmen können, ist somit vollkommen instrumenteller Natur) und

(2) einer Ethik, die der fundamentalen Bedeutung der Menschenrechte einen Platz einräumt (wie es die Verfechter der »Rechte des Menschen« taten), verbunden mit einer kritischen Analyse der grundlegenden Bedeutung der menschlichen Freiheiten sowie der Pflichten, die sich durch diese kritische Analyse ergeben.[25]

Genauso wie die utilitaristische Ethik darauf beharrt, dass bei der Entscheidung darüber, was getan werden sollte, die Nutzen der betreffenden Personen berücksichtigt werden müssen, verlangt der Menschenrechtsansatz, dass den akzeptierten Menschenrechten moralische Anerkennung zuteilwird (die spezielle

Form dieser Anerkennung und ihre Informations-grundlage wird in den beiden folgenden Abschnitten näher erörtert). Der relevante Vergleich liegt in diesem Gegensatz und *nicht* in der Unterscheidung zwischen der Rechtsverbindlichkeit gesetzlich erlassener Rechte (für die Benthams Ausdruck »Kind des Gesetzes« eine angemessene Beschreibung ist) und dem Fehlen eines gesetzlichen, rechtsgültigen Status bei einer moralischen Anerkennung von Rechten (ohne jede Gesetzgebung oder rechtliche Neuinterpretation). Tatsächlich wurden, während Bentham 1791 und 1792 noch emsig damit beschäftigt war, seine Zurückweisung von »Rechten der Menschen« zu verfassen, die Reichweite und der Umfang moralischer Interpretationen solcher Rechte schlagkräftig von Thomas Paines[26] *Rights of Man* [*Rechte des Menschen*] und Mary Wollstonecrafts *A Vindication of the Rights of Woman* [*Eine Verteidigung der Rechte der Frau*] untersucht, die beide in der Zeit zwischen 1791 und 1792 veröffentlicht wurden (obwohl anscheinend keine der beiden Schriften Benthams Neugier weckte).[27]

Ein moralisches Verständnis der Menschenrechte läuft nicht nur der Auffassung zuwider, dass sie rechtliche Ansprüche sind (und dass sie, wie nach Benthams Ansicht, rechtliche *Anmaßungen* darstellen), sondern es unterscheidet sich auch von einer gesetzeszentrierten Betrachtungsweise der Menschenrechte, die sie so versteht, als würden sie im Wesentlichen *Gründe* für Gesetze darstellen, gleichsam »Gesetze in Wartestellung«. Moralische und gesetzlich verankerte Rechte weisen selbstverständlich durchaus motivationale Verbindungen auf. In seinem verdientermaßen gefeierten Aufsatz »Are There Any Natural Rights?« [»Gibt es natürliche Rechte?«] hat Herbert Hart die Auffassung vertreten, dass Menschen »hauptsächlich von ihren moralischen Rechten sprechen, wenn sie für deren Aufnahme in ein Rechtssystem eintreten«. Er fügte hinzu, dass das Konzept eines Rechts »zu jenem Zweig der Moraltheorie gehört, der speziell damit befasst ist zu bestimmen, wann die Freiheit einer Person durch die einer anderen Person eingeschränkt werden darf, und so zu bestimmen, welche Handlungen angemessen zum Gegenstand zwingender Rechtsvorschriften gemacht werden können«.[28] Während Bentham Rechte als »Kind des Gesetzes« ansah, besteht Harts Ansicht faktisch darin, einige natürliche Rechte als *Eltern* des Gesetzes zu betrachten: sie motivieren und inspirieren spezifische Gesetzgebungen. Obwohl Hart in seinem Aufsatz die Menschenrechte in keiner Weise erwähnt, lässt sich die Argumentation über die Rolle natürlicher Rechte als Inspiration für Gesetzgebungen auch auf das Konzept der Menschenrechte übertragen.[29]

Tatsächlich kann kaum ein Zweifel daran bestehen, dass die Idee moralischer Rechte als Grundlage für neue Gesetzgebungen dienen kann und dies in der Praxis auch häufig getan hat. Sie ist oft auf diese Weise genutzt worden – und dies ist in der Tat eine wichtige *Anwendung* der Menschenrechte. Genau auf diese

Weise wurde zum Beispiel die Analyse von unveräußerlichen Rechten in der US-amerikanischen Unabhängigkeitserklärung geltend gemacht, was sich
später in der Bill of Rights niederschlug – ein Weg,
der in der Gesetzgebungsgeschichte vieler Staaten
auf der Welt häufig beschritten wurde.[30] Die Gesetzgebung zu inspirieren ist sicherlich eine der Weisen,
wie die moralische Überzeugungskraft der Menschenrechte konstruktiv eingesetzt worden ist.

Doch anzuerkennen, dass ein solcher Zusammenhang besteht, ist nicht dasselbe, wie der Meinung zu
sein, die Bedeutung der Menschenrechte liege *ausschließlich* darin, zu bestimmen, was »angemessen
zum Gegenstand zwingender Rechtsvorschriften gemacht« werden sollte. Es ist wichtig zu verstehen,
dass die Idee der Menschenrechte tatsächlich auch auf
einige andere Weisen angewendet werden kann und
angewendet wird. Wenn Menschenrechte tatsächlich als schlagkräftige moralische Ansprüche betrachtet werden, ja als »moralische Rechte« (um Harts
Ausdruck zu verwenden), dann haben wir sicherlich
Grund dazu, in umfassender Weise über verschiedene Wege nachzudenken, um diese Ansprüche zu unterstützen. (Dieser Frage wird in Abschnitt VII näher
nachgegangen.) Die Mittel und Wege zur Förderung
und Umsetzung von Menschenrechten müssen sich
daher nicht darauf beschränken, nur neue Gesetze zu
schaffen (wenngleich sich die Gesetzgebung manchmal tatsächlich als der strategisch richtige Weg erweisen kann). So können zum Beispiel das Monitoring

und andere Formen der Unterstützung durch Aktivisten, wie sie Organisationen wie Human Rights Watch oder Amnesty International oder OXFAM oder Ärzte ohne Grenzen leisten, ihrerseits dazu beitragen, die effektive Reichweite der anerkannten Menschenrechte zu erhöhen.[31] In vielen Zusammenhängen kann es sein, dass die Gesetzgebung tatsächlich keine Rolle spielt.

IV. Rechte, Freiheiten und sozialer Einfluss

Warum sind Menschenrechte wichtig? Da Menschenrechtserklärungen die moralische Notwendigkeit bekräftigen, dass die Bedeutsamkeit der in der Formulierung der Menschenrechte enthaltenen Freiheiten angemessen beachtet werden muss (wie dies im vorangegangenen Abschnitt erörtert wurde), sollte ein angemessener Ausgangspunkt darin bestehen, dass die Bedeutung der Freiheiten der Menschen entsprechend anerkannt wird. Zu beachten gilt dabei, dass, während Rechte Ansprüche nach sich ziehen (insbesondere Ansprüche gegen andere, die in der Lage sind, etwas zu verändern), Freiheiten im Gegensatz dazu in erster Linie beschreibende Merkmale der Lebensumstände von Personen sind.[32]

Indem wir von der Bedeutung der Freiheiten als der angemessenen *conditio humana* ausgehen, auf die es sich zu konzentrieren gilt, anstatt auf Nutzen (wie Bentham es tat), erhalten wir nicht nur einen Beweggrund dafür, unsere eigenen Rechte und Freiheiten zu preisen, sondern auch dafür, uns für die wichtigen Freiheiten anderer zu interessieren, und nicht nur für ihre Freuden und Wunscherfüllungen (wie im Utilitarismus). Benthams Beharren darauf, den Nutzen zur Grundlage der moralischen Bewertung zu machen, steht im Gegensatz zu den Gründen dafür, sich stattdessen auf Freiheiten zu konzentrieren. Ich habe andernorts erörtert, warum diese Gründe gewichtig sind und wie die Konzentration auf Freiheiten einige der wichtigsten Fallstricke vermeiden kann, die sich durch eine ausschließliche Konzentration auf Nutzen in Form von Freude oder Wunscherfüllung ergeben. So kann zum Beispiel das utilitaristische Kalkül an Bewertungsverzerrungen kranken, die sich aus der Vernachlässigung der gravierenden Not jener ergeben, die chronisch benachteiligt sind, doch die auf Grund der Umstände lernen, sich schon an kleinsten Dingen zu erfreuen und sich damit abzufinden, ihre Wünsche auf ein »realistisches Maß« herunterzuschrauben (wodurch sie nach dem besonderen Maßstab von Freuden oder Wunscherfüllungen nicht besonders benachteiligt erscheinen).[33]

Bevor ich auf die schwierige Frage der mit Rechten verbundenen Pflichten eingehe, die ich in Abschnitt VI untersuchen werde, ist es erforderlich, den Zusammenhang zwischen Rechten und Freiheiten etwas näher zu erörtern. Dem werde ich den Rest dieses Abschnittes ebenso wie Abschnitt V widmen. Freiheiten können sich hinsichtlich ihrer Bedeutung und auch hinsichtlich der Frage, inwieweit sie sich mit gesellschaftlicher Unterstützung beeinflussen lassen, voneinander unterscheiden. Um Teil des Bewertungssystems der Menschenrechte zu werden, muss eine Freiheit eindeutig wichtig genug sein, um zu rechtfertigen, dass man von anderen die Bereitschaft verlangt, sorgfältig zu entscheiden, was sie vernünftigerweise tun können, um sie zu fördern. Die fragliche Freiheit muss außerdem eine Plausibilitätsbedingung dahingehend erfüllen, dass andere durch eine solche Interessenahme etwas Wesentliches verändern könnten.

Um in das interpersonale und interaktive Spektrum der Menschenrechte zu fallen, muss eine Freiheit einige »Schwellenbedingungen« der (i) Bedeutung und (ii) der sozialen Beeinflussbarkeit erfüllen. Insofern als die Idee der Menschenrechte eine öffentliche Diskussion und öffentliches Engagement erfordert, wie ich weiter oben bereits angemerkt habe und in Abschnitt IX weiter erörtern werde, geht es in der anzustrebenden Übereinkunft nicht nur darum, ob eine bestimmte Freiheit einer bestimmten Person irgendeine moralische Bedeutung hat (diese Bedingung kann leicht erfüllbar sein), sondern es geht auch darum, ob ihre Bedeutsamkeit und ihre Beeinflussbarkeit die Schwellenbedingungen erfüllen, um in den Kreis der Menschenrechte, auf die sich die Gesellschaft konzentrieren sollte, aufgenommen zu werden.

Die Schwellenbedingungen können aus verschiedenen Gründen verhindern, dass bestimmte Freiheiten zu einem angemessenen Gegenstand der Menschenrechte werden. Zur Veranschaulichung: Es ist nicht schwierig zu behaupten, dass man allen vier folgenden Freiheiten eine gewisse Bedeutung beimessen sollte:

(1) die Freiheit einer Person, keinen Übergriffen ausgesetzt zu sein;

(2) ihre Freiheit, bei einem ernsthaften Gesundheitsproblem ärztliche Versorgung zu erhalten;

(3) ihre Freiheit, nicht regelmäßig von ihren verhassten Nachbarn angerufen zu werden;

(4) ihre Freiheit, zur Ruhe zu kommen.

Obwohl jedoch alle vier Freiheiten auf die eine oder andere Art wichtig sein mögen, ist es nicht ganz unplausibel zu behaupten, dass die erste (die Freiheit, keinen Übergriffen ausgesetzt zu sein) ebenso wie die zweite (die Freiheit, ärztliche Versorgung zu erhalten) einen guten Gegenstand für ein Menschenrecht darstellt,[34] doch dass die dritte (die Freiheit, nicht von verhassten Nachbarn angerufen zu werden) im Allgemeinen nicht wichtig genug ist, um die Schwelle sozialer Bedeutung zu überschreiten und sich als ein Menschenrecht zu qualifizieren. Auch die vierte Freiheit ist, obwohl sie möglicherweise extrem wichtig für die jeweilige Person ist, zu selbstbezogen – und zu schwer durch andere zu beeinflussen –, um einen geeigneten Gegenstand für Menschenrechte darzustellen. Der Ausschluss eines »Rechts auf Ruhe«

hängt nicht mit einer etwaigen Skepsis gegenüber der möglichen Bedeutung von Ruhe und der Bedeutsamkeit zusammen, dass eine Person die Freiheit hat, sie zu erreichen, sondern mit der Schwierigkeit, sie durch gesellschaftliche Unterstützung zu gewährleisten.

Es lassen sich fruchtbare Debatten über die Schwellen und ihre Anwendung sowie insbesondere darüber führen, ob ein bestimmter Fall von Freiheit die Schwellenbedingungen erfüllt oder nicht. Wie kurz in den Abschnitten II und III erörtert wurde (und weiter in Abschnitt IX untersucht wird), gehören solche Diskussionen zur Disziplin der Menschenrechte. Die Analysen von Schwellen, die sich sowohl auf die Ernsthaftigkeit als auch auf die soziale Beeinflussbarkeit bestimmter Freiheiten beziehen, müssen unweigerlich einen wichtigen Platz in der Disziplin der Menschenrechte einnehmen.

V. Prozesse, Möglichkeiten und Fähigkeiten[35]

Ich wende mich nun einer genaueren Prüfung der Inhalte der Freiheit und ihren vielfältigen Merkmalen zu. Andernorts habe ich die Auffassung vertreten, dass »Möglichkeit« [*opportunity*] und »Prozess« [*process*] zwei Aspekte von Freiheit sind, die voneinander unterschieden werden müssen. Dabei verdient die Bedeutung jedes einzelnen Aspekts besondere Anerkennung.[36] Ein Beispiel mag helfen, um die je *eigene* (jedoch nicht notwendig unabhängige) Relevanz sowohl der *substantiellen Möglichkeiten* als auch der *Freiheit der Prozesse* zu verdeutlichen.

Stellen wir uns eine erwachsene Person vor (nennen wir sie »Rima«), die beschließt, dass sie abends gern ausgehen würde. Um einigen Überlegungen Sorge zu tragen, die für die hier behandelten Themen nicht von näherer Bedeutung sind (die jedoch die Erörterung komplexer machen könnten), nehmen wir an, dass mit ihrem Ausgehen keine besonderen Sicherheitsrisiken verbunden sind und dass sie diesen Entschluss kritisch reflektiert hat und zu der Ansicht gelangt ist, dass auszugehen sinnvoll und tatsächlich genau das Richtige für sie wäre. Stellen Sie sich nun eine drohende Verletzung dieser Freiheit vor, wenn gewisse autoritäre Gesellschaftswächter entscheiden, dass sie abends nicht ausgehen darf (»Das ist höchst unziemlich«) und sie auf die eine oder andere Art dazu zwingen, zu Hause zu bleiben. Um zu verstehen, dass mit dieser einen Verletzung zwei unterschiedliche Probleme verbunden sind, stellen Sie sich einen alternativen Fall vor, in dem die autoritären Anführer entscheiden, dass sie ausgehen muss – und zwar absolut *muss* (»Sie werden heute Abend aus Ihrem Haus verbannt: Gehorchen Sie einfach«). Hier liegt eindeutig eine Verletzung der Freiheit vor, obwohl Rima gezwungen wird, genau das zu tun, wofür sie sich ohnehin entschieden hätte. Dies lässt sich leicht erkennen, wenn wir die beiden Alternativen »frei entscheiden, auszugehen« und »gezwungen werden, auszugehen«

miteinander vergleichen. Letzteres geht mit einer un-mittelbaren Verletzung des *Prozessaspekts* von Rimas Freiheit einher, da ihr eine Handlung aufgezwungen wird (obwohl es eine Handlung ist, für die sie sich auch frei entschieden hätte).

Der Möglichkeitsaspekt kann ebenfalls betroffen sein, da zu einer plausiblen Bilanzierung von Mög-lichkeiten gehören kann, Wahlmöglichkeiten zu ha-ben. Außerdem kann unter anderem dazu gehören, dass eine freie Wahl zu haben wertgeschätzt wird. Die Verletzung des Möglichkeitsaspekts wäre jedoch substantieller und offenkundiger, wenn sie nicht nur gezwungen würde, etwas zu tun, das von jemand anderem entschieden wurde, sondern wenn sie tat-sächlich gezwungen würde, etwas zu tun, das sie selbst ansonsten nicht wählen würde zu tun. Der Vergleich zwischen »gezwungen werden, auszuge-hen« (wenn sie auch bei einer freien Wahl ausge-gangen wäre) und z. B. »gezwungen werden, die Schuhe von anderen zu Hause zu putzen« (was nicht ihre Lieblingsbeschäftigung ist), verdeutlicht diesen Gegensatz, der hauptsächlich eher den Möglichkeits-aspekt als den Prozessaspekt betrifft. Indem sie ge-zwungen wird, zu Hause zu bleiben und die Schuhe von anderen zu putzen, verliert Rima auf zwei Wei-sen Freiheit, die damit zusammenhängen, (1) dass sie, ohne eine freie Wahl zu haben, gezwungen wird und (2) dass sie im Besonderen dazu verpflich-tet wird, etwas zu tun, was sie nicht wählen würde zu tun.[37]

Sowohl Prozesse als auch Möglichkeiten können eine Rolle bei den Menschenrechten spielen. Die Verweigerung eines »ordentlichen Gerichtsverfahrens«, indem man z. B. ohne einen ordentlichen Prozess im Gefängnis sitzt, kann Gegenstand der Menschenrechte sein (unabhängig davon, was bei einem fairen Prozess im Ergebnis herauskäme), und Gleiches gilt für die Verweigerung der Möglichkeit, eine ärztliche Versorgung zu erhalten, oder der Möglichkeit, ein Leben zu führen ohne Gefahr zu laufen, Opfer von Übergriffen zu werden (dies würde über den genauen Prozess, durch den diese Möglichkeiten umgesetzt werden, hinausgehen).

Für den Möglichkeitsaspekt der Freiheit kann die Idee der »Fähigkeit« (d. h. die Möglichkeit, wertvolle Kombinationen menschlicher Funktionsweisen zu erreichen: was eine Person in der Lage ist zu tun oder zu sein) in der Regel einen hilfreichen Ansatz bieten.[38] Sie ermöglicht uns, angemessen zu unterscheiden zwischen (1) dem, was die Person zu tun oder zu sein wertschätzt, und (2) den *Mitteln*, die sie hat, um zu erreichen, was sie wertschätzt. Indem der fähigkeitsbasierte Ansatz das Augenmerk insbesondere auf Ersteres verlagert, widersteht er einer übermäßigen Konzentration auf Mittel (wie etwa Einkommen und Grundgüter, die sich in einigen Gerechtigkeitstheorien findet (zum Beispiel im Rawls'schen Differenzprinzip). Der Fähigkeitenansatz kann der Tatsache Rechnung tragen, dass zwei Personen selbst dann sehr unterschiedliche substantielle Möglichkeiten haben können, wenn sie über genau dasselbe Bündel an

Mitteln verfügen: So kann beispielsweise eine behinderte Person mit genau demselben Einkommen und anderen »Grundgütern« weit weniger tun als eine nicht-behinderte Person. Es wäre daher falsch zu meinen, dass die behinderte Person mit den gleichen Vorteilen – mit denselben substantiellen Möglichkeiten – ausgestattet ist wie die Person, die keine körperlichen Einschränkungen hat, aber über dasselbe Bündel an Mitteln (wie etwa Einkommen und Vermögen und andere Grundgüter) verfügt. Der Fähigkeitenansatz konzentriert sich darauf, welche tatsächlichen Möglichkeiten eine Person hat, und nicht auf die Mittel, über die sie verfügt. Insbesondere erlaubt uns der Fähigkeitenansatz, die parametrische Variabilität im Verhältnis zwischen den Mitteln einerseits und den tatsächlichen Möglichkeiten andererseits zu berücksichtigen.[39]

Der Fähigkeitenansatz kann außerdem dazu beitragen, die Notwendigkeit einer transparenten Überprüfung der Bewertung individueller Vor- und Nachteile deutlich zu machen. Denn es müssen die verschiedenen *Funktionsweisen* bewertet und im Verhältnis zueinander abgewogen werden, ebenso wie die Möglichkeiten, verschiedene *Kombinationen* von Funktionsweisen zu besitzen, beurteilt werden müssen.[40] Zur Fruchtbarkeit eines weit gefassten Fähigkeitenansatzes gehört daher, dass er bei sozialen Beurteilungen auf der Notwendigkeit einer offenen Überprüfung der Bewertung besteht. Insofern ist er sehr im Einklang mit der Bedeutung des vernünftigen öffentlichen Diskurses.[41] Diese Offenheit der transparenten Bewertung steht im Gegensatz zu einer Vorgehensweise, bei der die durchgeführte Beurteilung hinter irgendeiner schematischen und hinsichtlich der Bewertung undurchsichtigen Konvention versteckt wird (zum Beispiel indem das marktbewertete Einkommen als unveränderlicher Maßstab individuellen Vorteils betrachtet wird, wodurch institutionell bestimmten Marktpreisen ein impliziter normativer Vorrang eingeräumt wird).

Diese substantiellen Möglichkeiten – die eine oder andere Art von Leben zu führen – als »Freiheiten« zu beschreiben, ist jedoch auf ernstzunehmende Kritik gestoßen. So ist die Auffassung vertreten worden, dass die Idee der Freiheit dadurch zu inklusiv werde. Susan Okin hat beispielsweise in ihrer erhellenden und wohlwollenden Kritik meines Buches *Development as Freedom* Argumente vorgebracht, die nahelegen sollen, dass ich dazu tendiere, »den Begriff der Freiheit zu sehr auszudehnen«.[42] So argumentiert sie:

Es ist schwer, sich einige menschliche Funktionsweisen oder die Erfüllung bestimmter Bedürfnisse und Wünsche, wie etwa einen guten Gesundheits- und Ernährungszustand, als Freiheiten vorzustellen, ohne den Begriff so weit zu dehnen, bis er sich auf alles zu beziehen scheint, was für Menschen von zentralem Wert ist. (S. 292)

Es lässt sich durchaus darüber diskutieren, wie weit-gefasst der Begriff der Freiheit verwendet werden sollte. Doch das konkrete Beispiel, das in Okins Gegenargument betrachtet wird, beruht meines Erachtens auf einer Fehlinterpretation der Idee von Freiheit, die dem Konzept der Fähigkeiten zugrunde liegt. Es wurde nämlich keineswegs vorgeschlagen, dass eine Funktionsweise (zum Beispiel, sich in einem guten Gesundheits- oder Ernährungszustand zu befinden) als irgendeine Art von Freiheit verstanden werden sollte. Vielmehr konzentriert sich Freiheit in Form von Fähigkeiten auf die *Möglichkeit*, Kombinationen von Funktionsweisen zu erreichen (was u. a. die Möglichkeit einschließt, sich in einem guten Ernährungs- oder Gesundheitszustand zu befinden, wie in diesem speziellen Fall): Die Person ist *frei*, diese Möglichkeit zu *nutzen* oder nicht. Eine Fähigkeit spiegelt die alternativen Kombinationen von Funktionsweisen wider, über die die Person die Freiheit hat, eine effektive Wahl zu treffen.

Es wird hier daher keineswegs behauptet, dass sich in einem guten Ernährungs- oder Gesundheitszustand zu *befinden*, an sich als Freiheit betrachtet werden muss.[43] Fähigkeiten, als eine Art der Freiheit, beziehen sich darauf, inwieweit die Person *in der Lage ist*, bestimmte Kombinationen von Funktionsweisen *zu wählen* (dazu gehören u. a. solche Dinge wie sich in einem guten Ernährungszustand zu befinden), unabhängig davon, für welche Wahl sich die Person tatsächlich entscheidet. Mahatma Gandhi machte bekanntermaßen keinen Gebrauch von jener Möglichkeit, sich in einem guten Ernährungszustand zu befinden, als er sich aus Protest gegen die Politik der britischen Kolonialherrschaft in Indien dafür entschied zu fasten. Hinsichtlich der tatsächlichen Funktionsweise, in einem guten Ernährungszustand zu sein, unterschied sich der fastende Gandhi nicht von einem Opfer einer Hungersnot, doch die Freiheiten und Möglichkeiten, die sie jeweils hatten, unterschieden sich erheblich voneinander. Die *Freiheit*, irgendeine bestimmte Sache zu *haben*, lässt sich davon unterscheiden, diese Sache tatsächlich zu *haben*. Ich habe die Auffassung vertreten, dass das, was eine Person frei ist zu haben, und nicht nur das, was sie tatsächlich hat, für eine Gerechtigkeitstheorie relevant ist.[44] Ähnliches lässt sich über die Relevanz substantieller Freiheiten in einer Theorie der Menschenrechte behaupten.

Dass viele der schrecklichen Nöte und Entbehrungen auf der Welt aus einer fehlenden Freiheit, jene Nöte zu vermeiden, hervorzugehen scheinen (statt aus einer Wahl, einschließlich der, »träge« zu sein: ein klassisches Thema in der historischen Literatur über Armut), ist ein wichtiger Beweggrund dafür, die Rolle der Freiheit zu unterstreichen. Dies veranlasste Marx dazu, sich leidenschaftlich dafür einzusetzen, »an die Stelle der Herrschaft der Verhältnisse und der Zufälligkeit über die Individuen die Herrschaft der Individuen über die Zufälligkeit und Verhältnisse zu setzen«.[45] Die allgemeine Idee der Freiheit mit ihren vielen unterschiedlichen Bestandteilen scheint insbesondere relevant für die normative Sozialwahltheorie im Allgemeinen und die Theorie der Gerechtigkeit im Besonderen zu sein. Die hier vertretene These lautet, dass sie auch eine wichtige Rolle bei der normativen Fundierung der Menschenrechte spielen kann.

Um eine andere Art von Beispiel zu nehmen: Denken Sie an die Freiheit der neuen Zuwanderer nach Westeuropa oder Nordamerika, die angestammten kulturellen Bräuche und Lebensstile aus ihren Ursprungsländern aufrechtzuerhalten. Dieses komplexe Thema kann nicht angemessen beurteilt werden, ohne zwischen »etwas *tun*« und »*frei* sein, diese Sache zu tun«, zu unterscheiden. Man kann stichhaltig dafür argumentieren, dass eine Immigrantin die Freiheit haben sollte, zumindest Teile ihres angestammten Lebensstils beizubehalten, doch dies darf nicht als Argument dafür verstanden werden, dass sie ihren angestammten Lebensstil weiterführen sollte, unabhängig davon, ob sie sich nun selbst dafür entscheidet oder nicht. Entscheidend in diesem Argument ist die *Freiheit* zu wählen, wie sie leben möchte, was die *Möglichkeit* einschließt, ihre angestammten Bräuche aufrechtzuerhalten. Dies lässt sich jedoch nicht in ein Argument umwandeln, dass sie genau diese Bräuche im Besonderen weiterführen sollte, ungeachtet der Alternativen, die sie hat und der Entscheidungen, die sie unter ihnen treffen würde.[46] Die Bedeutung der Fähigkeiten, die Möglichkeiten widerspiegeln, ist von zentraler Bedeutung für diese Unterscheidung.[47]

Ich habe mich in der unmittelbar vorangehenden Erörterung auf die Frage konzentriert, was der Fähigkeitenansatz für eine Theorie der Gerechtigkeit oder der Menschenrechte leisten kann. Doch nun wende ich mich der Frage zu, was sie *nicht* leisten *kann*. Obwohl die Idee der Fähigkeiten bei der Bewertung des Möglichkeitsaspekts der Freiheit einige Vorzüge aufweist, kann sie unmöglich angemessen mit dem Prozessaspekt der Freiheit umgehen. Denn Fähigkeiten sind Merkmale individueller Vorteile, und sie können uns nicht genug über die Fairness oder Gerechtigkeit der beteiligten Prozesse oder über die Freiheit der Bürger sagen, Prozesse, die gerecht sind, geltend zu machen und anzuwenden.

Lassen Sie mich den Gegensatz zwischen den Perspektiven mit einem etwas schroffen Beispiel veranschaulichen. Es gilt mittlerweile als relativ gesichert, dass Frauen bei gleicher Versorgung tendenziell länger leben als Männer. Würde man sich nur mit Fähigkeiten (und nichts anderem) – und im Besonderen mit der Gleichheit der Fähigkeit, lange zu leben – befassen, hätte man ein Argument dafür konstruieren können, Männern eine höhere ärztliche Versorgung zukommen zu lassen als Frauen, um dem natürlichen männlichen Nachteil entgegenzuwirken. Doch wenn Frauen für dieselben Gesundheitsprobleme eine geringere ärztliche Versorgung erhalten würden als Männer, so würde dies eindeutig eine wichtige Anforderung der

Prozessgerechtigkeit verletzen. Es erscheint angemessen, in Fällen wie diesen zu argumentieren, dass Gerechtigkeitsanforderungen in der Prozessfreiheit vernünftigerweise eine einseitige Konzentration auf den Möglichkeitsaspekt der Freiheit (und die Anforderungen der Gleichheit der Fähigkeiten im Besonderen) aufheben könnten. Während es wichtig ist, die Relevanz des Fähigkeitenansatzes bei der Beurteilung der substantiellen Möglichkeiten von Menschen (besonders im Vergleich zu alternativen Ansätzen, die sich auf Einkommen oder Grundgüter oder Ressourcen konzentrieren) zu betonen, spricht nichts dagegen, auch einzusehen, dass gleichzeitig der Prozessaspekt der Freiheit eine relevante Rolle in einer Theorie der Menschenrechte oder auch in einer Theorie der Gerechtigkeit spielt.

Im Zusammenhang mit diesem Thema sollte ich hier vielleicht die Gelegenheit ergreifen, um eine Fehlinterpretation hinsichtlich des Platzes des Fähigkeitenansatzes in einer Theorie der Gerechtigkeit zu korrigieren. Eine Theorie der Gerechtigkeit, oder noch allgemeiner: eine angemessene Theorie der normativen kollektiven Entscheidungen, muss sich sowohl der Fairness der beteiligten Prozesse als auch der Fairness und Leistungsfähigkeit der substantiellen Möglichkeiten, die Menschen haben können, bewusst sein.[48] Im Umgang mit Letzteren können Fähigkeiten tatsächlich, etwa im Vergleich zur Rawls'schen Konzentration auf »Grundgüter«, einen sehr hilfreichen Ansatz bieten. Doch Fähigkeiten können kaum als einzige Informationsbasis für die anderen mit Prozessen bzw. Verfahren zusammenhängenden Überlegungen, denen in einer normativen Theorie kollektiver Entscheidungen ebenfalls Rechnung getragen werden muss, dienen.

Vielleicht lässt sich der Punkt am einfachsten erkennen, wenn man die unterschiedlichen Bausteine von Rawls' Theorie der Gerechtigkeit betrachtet. Sein »erster Grundsatz« der Gerechtigkeit beinhaltet den Vorrang der Freiheit und der erste Teil des »zweiten Grundsatzes« beinhaltet Verfahrensgerechtigkeit, indem gefordert wird, dass »Positionen und Ämter allen offenstehen müssen«. Obgleich man mit den Überlegungen, die Rawls zu diesen besonderen Formulierungen veranlassten, auf unterschiedliche Weise und nicht nur so umgehen kann, wie Rawls es tut, können die Überzeugungskraft und Stichhaltigkeit dieser Rawls'schen Überlegungen weder ignoriert noch angemessen behandelt werden, indem man sich ausschließlich auf die Informationsgrundlage der Fähigkeiten stützt.[49]

Demgegenüber können die Fähigkeiten im Umgang mit dem *zweiten* Teil des zweiten Prinzips, nämlich dem »Differenzprinzip« (mit seiner Konzentration auf »Grundgüter«), zeigen, was in ihnen steckt.[50] Dem Gebiet, das Rawls für die Verrechnung von Grundgütern, wie sie in seinem Differenzprinzip verwendet werden, reservierte, wäre, so meine Argumentation, tatsächlich mit dem Fähigkeitenansatz besser gedient. Dies schmälert jedoch nicht die

Relevanz des übrigen Gebiets der Gerechtigkeit, in welchem Verfahrensüberlegungen, einschließlich zu Freiheit und prozeduraler Gerechtigkeit, eine Rolle spielen. Dieselbe Vielfalt der Informationsgrundlagen verbindet sich mit der Vielzahl von Überlegungen, die in einer Theorie der Menschenrechte geltend gemacht werden können. Die Fähigkeiten und der Möglichkeitsaspekt der Freiheit, so wichtig sie sind, müssen durch Überlegungen zu fairen Prozessen und zur Nichtverletzung des Rechts des Individuums, sie geltend zu machen und in Anspruch zu nehmen, ergänzt werden.

VI. Angemessene Überlegungen und (un)vollkommene Pflichten

Ich wende mich nun von den Rechten hin zu den ihnen entsprechenden Pflichten. Erneut können wir von der Bedeutung der Freiheiten und ihren verschiedenen Aspekten ausgehen. Da Freiheiten wichtig sind, haben Menschen allen Grund, danach zu fragen, was sie tun sollten, um sich gegenseitig bei der Verteidigung oder Unterstützung ihrer jeweiligen Freiheiten zu helfen. Da es innerhalb dieses Bewertungssystems schlecht ist, wenn die Freiheiten, die bedeutenden Rechten zugrunde liegen, verletzt oder nicht umgesetzt werden, haben sogar andere, die selbst nicht verantwortlich für das Herbeiführen der Verletzung sind, einen guten Grund dafür, zu überlegen, was sie tun sollten, um zu helfen.[51] Dennoch mag der Schritt von einem *Grund* zum Handeln, um einer anderen Person zu helfen, der in einem folgenorientierten ethischen System leicht erkennbar ist, hin zu einer tatsächlichen *Pflicht*, angemessen darüber nachzudenken, eine solche Handlung auszuführen, zumindest auf den ersten Blick eher wie ein Riesensprung erscheinen.

Dieser Eindruck, dass diese beiden Dinge sehr weit auseinanderliegen, täuscht jedoch im Großen und Ganzen. Der Unterschied zwischen ihnen würde tatsächlich mit einer sprunghaften Steigerung einhergehen, wenn die betreffende Pflicht keine Pflicht dazu wäre, angemessen über eine mögliche Handlung nachzudenken, sondern wenn sie eine absolute Pflicht wäre, diese Handlung vorzunehmen, unabhängig von den eigenen sonstigen Werten und den anderen Verpflichtungen, die man Grund hat zu berücksichtigen. Doch seine Pflichten so bzw. als zwingend vorgeschriebene Handlungen zu verstehen, ist nicht nur ziemlich weit entfernt von der Anerkennung der Tatsache, dass es Gründe zum Handeln gibt, sondern es mangelt dieser Sichtweise auch an Überzeugungskraft und innerer Kohärenz. Es gibt viele schöne Taten, für die es jeweils einen Grund zum Handeln gibt, doch es wäre normalerweise unmöglich, die Gesamtheit all dieser Taten auszuführen. Daher ist eine Bewertung der Prioritäten sowie kritisches Urteilsvermögen bei der Frage notwendig, wie man von der Pflicht zum angemessenen Nachdenken hin zu sinnvollen Entscheidungen für Handlungen kommen könnte.

Zu akzeptieren, dass man eine Pflicht hat, über viele verschiedene Arten von Handlungen angemessen nachzudenken, bedeutet nicht, dass man sich damit einverstanden erklärt, sich hoffnungslos zu verzetteln. Und im gegenwärtigen Kontext ist es besonders wichtig, das Gegenteil zu betonen: Entschlossen zu sein, nicht in ein wildes Chaos praktischer Überlegungen zu geraten, stellt keinen Grund dafür dar, zu bestreiten, dass man durchaus eine Pflicht hat, angemessen darüber nachzudenken, was man vernünftigerweise für die Rechte und die zugrunde liegenden bedeutsamen und beeinflussbaren Freiheiten anderer Menschen tun kann. Wie ein angemessenes Nachdenken auszusehen hätte, würde variieren und von einer Vielzahl von Parametern abhängen, die für die praktischen Überlegungen einer Person wichtig sein können.[52] Die Anerkennung, dass bestimmte Freiheiten die Voraussetzung erfüllen, um als Menschenrecht zu gelten, spiegelt zwar bereits eine Einschätzung ihrer allgemeinen Bedeutung und ihrer möglichen Beeinflussbarkeit wider (wie in Abschnitt IV erörtert wurde), doch eine Person muss über diese allgemeinen Merkmale hinausgehen und sich mit spezifischeren Umständen befassen, wenn sie angemessen darüber nachdenken will, was sie in einem konkreten Fall tun sollte.

Sie muss beispielsweise beurteilen, wie wichtig die Freiheiten und Rechte im betreffenden Fall im

Vergleich zu anderen Ansprüchen sind, die an die eigenen möglichen Handlungen gestellt werden (und die mit anderen Rechten und Freiheiten, aber auch völlig anderen Anliegen einhergehen, die sie, unter anderem, vernünftig haben kann). Außerdem muss die jeweilige Person einschätzen, inwieweit sie in diesem Fall Veränderungen bewirken kann, indem sie entweder allein oder zusammen mit anderen handelt. Es wird außerdem relevant sein, zu überlegen, was sie von anderen erwarten kann und wie die benötigte Unterstützung jeweils unter den fraglichen Akteuren angemessen aufgeteilt werden kann. Selbst nachdem die Notwendigkeit, eine solche Bewertung vorzunehmen, in vollem Umfang akzeptiert worden ist, werden sehr viele solcher und weiterer Überlegungen in Bezug auf unterschiedliche Parameter unweigerlich bei der vernünftigen Beurteilung der Frage, was die jeweilige Person tun sollte, eine Rolle spielen. Da ferner ein gründliches Nachdenken darüber, was man tun sollte, bereits an sich zeitraubend ist (und nicht einmal tatsächlich in Bezug auf alle Missstände auf der Welt möglich ist), wird die Pflicht zu einem angemessenen Nachdenken in sehr vielen Fällen nicht zu einer Pflicht führen, eine umfangreiche Überprüfung auf sich zu nehmen, sondern nur zu der Bereitschaft, genau das zu tun, wenn es wichtig und angemessen erscheint.

Die Anerkennung von Pflichten in Bezug auf die Rechte und Freiheiten aller Menschen muss daher nicht zu lächerlich anspruchsvollen Geboten führen.

Und doch ist trotz der parametrischen Variabilität der Reichweite und Kraft der angemessenen Überlegungen die Anforderung, solche Überlegungen anzustellen, keineswegs inhaltsleer. Die grundlegende allgemeine Pflicht besteht darin, bereit zu sein, ernsthaft darüber *nachzudenken*, was man vernünftigerweise tun sollte, und dabei die relevanten Parameter der betreffenden Fälle zu beachten. Die Notwendigkeit, diese Frage zu stellen (statt davon auszugehen, dass wir anderen nichts schulden, es sei denn, wir hätten sie konkret geschädigt), kann der Beginn einer umfassenderen moralischen Argumentationslinie sein.[53] Der Geltungsbereich der Menschenrechte ist entschieden hier zu verorten. Die Argumentation kann jedoch nicht an dieser Stelle enden. In Anbetracht der eigenen begrenzten Fähigkeiten und des eigenen begrenzten Einflussbereichs sowie der Notwendigkeit, Prioritäten zu setzen, die verschiedene Arten von Pflichten ebenso wie die Anforderungen anderer moralischer Anliegen umfassen, müssen schwierige Übungen der praktischen Vernunft angestellt werden, in denen die verschiedenen eigenen Pflichten (einschließlich der »unvollkommenen Pflichten«) in expliziter oder impliziter Weise eine Rolle spielen müssen.

Die Anerkennung der Menschenrechte verlangt nicht, dass sich jeder überall erhebt, um jedwede Verletzung jedwedes Menschenrechts, wo auch immer sie auftreten mag, zu verhindern. Vielmehr wird damit anerkannt, dass, wenn man in der plausiblen Lage ist, etwas Wirksames zu tun, um die Verletzung eines solchen Rechts zu verhindern, man durchaus eine Pflicht hat, darüber nachzudenken, genau dies zu tun. Es ist immer noch möglich, dass andere Pflichten oder nicht-verpflichtende Anliegen den Grund für die konkrete fragliche Handlung überwiegen, doch dieser Grund lässt sich nicht einfach damit vom Tisch fegen, dass es »einen nichts angeht«. Pflichten, die nur locker spezifiziert sind, dürfen nicht mit »überhaupt keine Pflichten« verwechselt werden. Vielmehr gehören sie, wie zuvor erwähnt, zur wichtigen Kategorie der Pflichten, die Immanuel Kant als »unvollkommene Pflichten« bezeichnete (und denen er große Bedeutung beimaß).

Es sei darauf hingewiesen, dass unvollkommene Pflichten entsprechend diesem Verständnis moralische Anforderungen darstellen, die über die vollständig spezifizierten Pflichten, die »vollkommenen Pflichten«, hinausreichen, dass bestimmte Personen unter Umständen bestimmte Handlungen vornehmen müssen. Sie gehen mit der Forderung einher, dass jeder ernsthafte Überlegungen anstellen muss, der in der Lage ist, der Person, deren Menschenrecht bedroht ist, angemessen Hilfe zu leisten. Diese »unvollkommenen Pflichten« korrelieren auf dieselbe feste Weise mit der Anerkennung von Rechten, wie es vollständig spezifizierte »vollkommene Pflichten« tun. Der Unterschied liegt in der Art und Form dieser Pflichten, nicht aber in der allgemeinen Korrespondenz zwischen Rechten und Pflichten, die in derselben Weise für unvollkommene wie für vollkommene Pflichten gilt.

Es könnte hilfreich sein, anhand eines konkreten Beispiels den Unterschied zwischen verschiedenen Arten von Pflichten zu veranschaulichen, die trotz ihrer inhaltlichen Verschiedenheit auf jeweils ähnliche Weise mit den Menschenrechten zusammenhängen. Betrachten wir einen Fall aus dem realen Leben, der sich 1964 in Queens in New York zutrug. Dort wurde eine Frau, Kitty Genovese, angegriffen und tödlich verletzt, und zwar vor den Augen vieler anderer Menschen, die das Geschehen aus ihren Wohnungen heraus beobachteten und nichts unternahmen, um ihr zu helfen. Es lässt sich plausibel behaupten, dass hier drei schreckliche Dinge geschehen sind, die sich voneinander unterscheiden, aber miteinander zusammenhängen:

(1) die Freiheit – und das Recht – der Frau, nicht angegriffen und getötet zu werden, wurde verletzt (dies ist offensichtlich das Hauptübel im Zusammenhang mit diesem Fall);

(2) der Mörder verletzte die Sicherheit, die jeder vor Angriff und Tötung haben sollte (was die Verletzung einer »vollkommenen Pflicht« darstellt); und

(3) die anderen, die überhaupt nichts unternahmen, um dem Opfer zu helfen, verstießen auch gegen ihre allgemeine – und »unvollkommene« – Pflicht, ernsthaft darüber nachzudenken, jene Hilfe zu leisten, die man von ihnen vernünftigerweise erwarten durfte.

Diese unterschiedlichen Fehler verdeutlichen eine komplexe Struktur der Korrespondenz zwischen Rechten und Pflichten in einer durchdachten Ethik, was dazu beitragen kann, den Bewertungsrahmen der Menschenrechte aufzuzeigen, aus dem sich unvollkommene ebenso wie vollkommene Pflichten ergeben.[54]

Die vermeintliche Genauigkeit gesetzlich verankerter Rechte wird häufig den unvermeidlichen Mehrdeutigkeiten in den moralischen Ansprüchen der Menschenrechte gegenübergestellt. Dieser Gegensatz ist an sich jedoch kein großes Zeichen von Schwäche für moralische Ansprüche, einschließlich jener der unvollkommenen Pflichten. Denn ein normativer Argumentationsrahmen kann vernünftigerweise Variationen erlauben, denen in vollständig spezifizierten gesetzlichen Bestimmungen nicht ohne Weiteres Rechnung getragen werden kann. Wie Aristoteles in seiner *Nikomachischen Ethik*[55] bemerkte, müssen wir »auf jedem Gebiet nur so viel Genauigkeit [...] verlangen, wie es die Natur der Sache gestattet«.[56]

Tatsächlich findet sich in den Gesetzen einiger Länder sogar eine Rechtsvorschrift, die kaum ganz genau festgelegt werden kann, dass Dritten angemessen Hilfe zu leisten ist. In Frankreich sieht das Recht zum Beispiel eine »strafrechtliche Haftung für Unterlassung« im Falle einer unterlassenen angemessenen Hilfeleistung gegenüber Opfern bestimmter Gesetzesverstöße vor. Wie zu erwarten, haben sich die Mehrdeutigkeiten bei der Anwendung solcher

Gesetze als recht groß erwiesen und sind in den vergangenen Jahren zum Gegenstand eingehender juristischer Diskussionen geworden.[57] Der Mehrdeutigkeit solcher Pflichten, sei es in der Ethik oder im Recht, wäre schwer zu entkommen, wenn den Pflichten gegenüber Dritten allgemein etwas Raum gegeben wird, und dies lässt sich im Rahmen einer angemessenen Theorie der Menschenrechte nicht vermeiden.

VII. Anerkennung, Aktivismus und Gesetzgebung

Während sich die vorangegangene Analyse mit dem angemessenen allgemeinen Nachdenken über Handlungen befasst hat, die Personen vornehmen können, um die Menschenrechte anderer zu fördern oder zu verteidigen, hat die Gesetzgebung der Menschenrechte zusammen mit ihrer Institutionalisierung in der theoretischen Literatur auf diesem Gebiet tendenziell den Löwenanteil der Aufmerksamkeit erhalten. Diese legislative Perspektive ist auch in einem Großteil des institutionellen Verständnisses der Menschenrechte fest verankert. Während jedoch die Gesetzgebung ein wichtiger Bereich des öffentlichen Handelns ist, gibt es auch noch andere wichtige und häufig wirksame Mittel und Wege, um die Sache der anerkannten Menschenrechte voranzubringen.

Zunächst wird nach dem, was man als den »Anerkennungsweg« bezeichnen kann (und der von dem »Gesetzgebungsweg« zu unterscheiden ist), eine Klasse von Ansprüchen, die als grundlegende Menschenrechte betrachtet werden, anerkannt, jedoch nicht notwendig im positiven Recht verankert oder institutionell durchgesetzt.[58] Die 1948 durch die Vereinten Nationen getragene *Allgemeine Erklärung der Menschenrechte*, die vielleicht der wichtigste Schritt zur Förderung weltweiter Aktivitäten in Bezug auf die Menschenrechte im vergangenen Jahrhundert darstellt, fällt uneingeschränkt in diese Kategorie (wenngleich, wie zuvor erörtert wurde, die Architekten der Erklärung auch gehofft hatten, dass sie zu speziellen Rechtskatalogen bzw. Grundgesetzen in verschiedenen Ländern führen würde). In der Folge hat es, häufig durch die Vereinten Nationen, eine Reihe weiterer internationaler Erklärungen gegeben, mit denen verschiedene allgemeine Forderungen anerkannt wurden, statt ihnen einen rechtsverbindlichen und zwingenden Status einzuräumen. Ein Beispiel dafür wäre die »Erklärung über das Recht auf Entwicklung«, die 1986 unterzeichnet wurde.[59] Dieser Ansatz wird durch die Idee motiviert, dass die moralische Überzeugungskraft der Menschenrechte in der Praxis durch eine gesellschaftliche Anerkennung und einen anerkannten Status selbst dann gestärkt wird, wenn sie nicht gesetzlich durchgesetzt werden.

Eine zweite Strategie geht über die bloße Anerkennung hinaus und setzt auf Aktivismus. So kann es ein organisiertes Eintreten für die Einhaltung bestimmter grundlegender, als Menschenrechte betrachteter Ansprüche aller Menschen sowie darüber hinaus auch Überwachungen von Verletzungen dieser Rechte und Versuche geben, wirksamen gesellschaftlichen Druck auszuüben. Die weltweiten Nichtregierungsorganisationen (NGOs) beteiligen sich zunehmend an der Förderung der Menschenrechte, und zwar einerseits durch öffentliche Diskussionen und Unterstützung sowie andererseits durch die Veröffentlichung und Kritik von Verletzungen. Diese Bemühungen gehen nicht nur von erklärten Menschenrechtsorganisationen wie Human Rights Watch und Amnesty International, sondern auch von allgemeineren Organisationen wie OXFAM, Ärzte ohne Grenzen, dem Roten Kreuz, Save the Children und Action Aid aus. Die Rechte, die im Rahmen dieses »Wegs des Aktivismus« jeweils geltend gemacht werden, können, müssen aber keinen gesetzlichen Status in dem fraglichen Land besitzen, doch das Eintreten und die Unterstützung werden nicht zwangsläufig dadurch obsolet, dass sie keinen gesetzlichen Rückhalt haben.[60] Und selbst wenn einige bestimmte Menschenrechte einen gesetzlichen Status besitzen, kann eine gute *Durchsetzung* der einschlägigen Gesetzgebung ebenfalls ein öffentliches Engagement bzw. öffentlichen Aktivismus erfordern, der vom Prozess der *Gesetzgebung* selbst unterschieden werden muss.

Der dritte Ansatz ist natürlich der der »Gesetzgebung«. Wenngleich die Ethik der Menschenrechte

nicht bloß als »Eltern« der »Menschenrechtsgesetze« –
betrachtet werden darf, trifft es, wie bereits in Abschnitt III erörtert wurde, sicherlich zu, dass viele
solcher Gesetzgebungen durch Überlegungen zu den
Menschenrechten ermutigt oder inspiriert worden
sind. Viele geltende Gesetze wurden durch Einzel-
staaten oder Staatenverbünde erlassen. Auf diese
Weise wurde bestimmten, als grundlegende Menschenrechte betrachteten Rechten Rechtskraft ver-
liehen. So kann zum Beispiel der Europäische Gerichtshof für Menschenrechte, der im Anschluss an
die Europäische Menschenrechtskonvention von 1950
geschaffen wurde, Klagen prüfen, die von Einzelper-
sonen der Unterzeichnerstaaten gegen Menschenrechtsverletzungen eingereicht werden. Dies wurde
durch den *Human Rights Act* von 1998 ergänzt, mit
dem die wichtigsten Bestimmungen der Europäischen
Menschenrechtskonvention in nationales Recht umgesetzt werden sollten. Dabei fiel dem Europäischen
Gerichtshof die Rolle eines Wächters zu, der über die
»angemessene Erfüllung« dieser Bestimmungen bei
Urteilen innerhalb der Staaten zu wachen hat. Es ließen sich viele weitere Beispiele aus verschiedenen
Teilen der Welt anführen. Der »Gesetzgebungsweg«
ist häufig aktiv beschritten worden.

Es stellt sich eine interessante Frage hinsichtlich
des angemessenen *Anwendungsbereichs* des Gesetz-
gebungswegs. Es wäre meiner Auffassung nach ein
Fehler, allgemein anzunehmen, dass wenn ein Menschenrecht wichtig ist, es idealerweise in ein genau

spezifiziertes, gesetzlich verankertes Recht gegossen werden sollte. So kann zum Beispiel die Anerkennung und Verteidigung des moralischen Rechts einer Ehefrau, bei Familienentscheidungen zu Rate gezogen zu werden, selbst in einer traditionell sexistischen Gesellschaft durchaus extrem wichtig sein und plausibel die Schwellenbedingungen erfüllen, die notwendig sind, um sich als Menschenrecht zu qualifizieren.[61] Und doch könnten die Verfechter dieses Menschenrechts, die zu Recht seine weitreichende moralische und politische Relevanz betonen, durchaus zustimmen, dass es nicht sinnvoll ist, dieses Menschenrecht zu einer in Herbert Harts Worten »zwingenden Rechtsvorschrift« zu machen (vielleicht mit der Folge, dass ein Ehemann verhaftet würde, wenn er es versäumen würde, seine Frau zu Rate zu ziehen). Der notwendige Wandel müsste auf andere Weise herbeigeführt werden. Auf Grund der Wichtigkeit von Kommunikation, engagiertem Eintreten, Aufdeckung und Anprangerung von Missständen sowie fundierter öffentlicher Diskussion können die Menschenrechte Einfluss nehmen, *ohne* dabei notwendigerweise auf eine zwingende Gesetzgebung angewiesen zu sein.

Ebenso kann auch der moralische oder politische Anspruch – der leicht als Menschenrecht betrachtet werden könnte – eines etwas langsamen Sprechers darauf, dass ihm bei einer öffentlichen Versammlung nicht von einem unverschämt redegewandten, flinkeren Sprecher über den Mund gefahren wird, sowohl für die Selbstachtung des gemächlichen Sprechers als auch für das Allgemeinwohl durchaus wichtig sein. Doch dieser Anspruch eignet sich wahrscheinlich nicht für eine Strafgesetzgebung. Der Schutz dieses Menschenrechts müsste anderweitig angestrebt werden. Die Effektivität der Menschenrechtsperspektive fußt nicht darauf, dass man die Menschenrechte ausnahmslos als mutmaßliche Gesetzesvorschläge betrachtet.[62]

VIII. Wirtschaftliche und soziale Rechte

Ich wende mich nun der Kritik zu, die speziell gegen die Ausweitung der Idee der Menschenrechte auf wirtschaftliche und soziale Rechte wie etwa das Recht darauf, keinen Hunger zu leiden, das Recht auf grundlegende Bildung oder ärztliche Versorgung gerichtet worden ist. Obgleich diese Rechte in klassischen Menschenrechtserklärungen, wie etwa in der US-amerikanischen Unabhängigkeitserklärung oder in den französischen Menschenrechten, nicht auftauchten, gehören sie eindeutig zu dem gegenwärtigen, von Cass Sunstein als »Rechtsrevolution« bezeichneten Bereich.[63] Die Legitimität, diese Ansprüche in die allgemeine Klasse der Menschenrechte aufzunehmen, ist über zwei spezifische Arten von Vorwürfen in Frage gestellt worden, die ich als *Institutionalisierungskritik* und als *Umsetzbarkeitskritik* bezeichnen möchte.

Die Institutionalisierungskritik, die sich insbesondere gegen wirtschaftliche und soziale Rechte richtet, hängt mit der allgemeinen Frage der genauen Korrespondenz zwischen verbürgten Rechten und genau formulierten, korrelierenden Pflichten zusammen. Eine solche Korrespondenz würde entsprechend dieser Argumentation nur existieren, wenn ein Recht institutionalisiert ist. Onora O'Neill hat diese Art der Kritik nachdrücklich vertreten:

> Unglücklicherweise werden in vielen Schriften und Reden über Rechte unbedacht universale Rechte auf Güter und Dienstleistungen und insbesondere auf ›Wohlfahrt‹ sowie auch auf andere soziale, wirtschaftliche und kulturelle Rechte verkündet, die in internationalen Chartas und Erklärungen hervorstechen, ohne dass gezeigt würde, was jeden vermeintlichen Träger von Rechten mit irgendeinem spezifischen Träger von Pflichten verbinden würde, wodurch der Inhalt dieser vermeintlichen Rechte gänzlich undurchsichtig wird. [...] Einige Befürworter von universellen wirtschaftlichen, sozialen und kulturellen Rechten heben lediglich hervor, dass sie institutionalisiert werden *können*, was stimmt. Doch der entscheidende Unterschied ist, dass sie institutionalisiert werden *müssen*: Geschieht dies nicht, gibt es kein Recht.[64]

Um auf diese wichtige Kritik zu antworten, müssen wir das bereits erörterte Verständnis geltend machen, wonach Pflichten sowohl vollkommen als auch un-vollkommen sein können. Selbst die klassischen Rechte der »ersten Generation«, wie die Freiheit von tätlichen Übergriffen, können so verstanden werden, dass sich aus diesen unvollkommene Pflichten für andere ergeben, wie der Fall des Übergriffs auf Kitty Genovese in aller Öffentlichkeit in New York beispielhaft gezeigt hat. Abhängig von den institutionellen Möglichkeiten können wirtschaftliche und soziale Rechte gleichermaßen sowohl vollkommene als auch unvollkommene Pflichten mit sich bringen. Es besteht ein großer Spielraum für fruchtbare öffentliche Diskussionen und möglicherweise wirksamen Druck im Hinblick auf die Frage, was Gesellschaft und Staat, selbst wenn er verarmt sein sollte, tun können, um Verletzungen bestimmter wirtschaftlicher oder sozialer Grundrechte zu verhindern (die beispielsweise im Zusammenhang mit der weiten Verbreitung von Hungersnöten, chronischer Unterernährung oder mangelnder ärztlicher Versorgung stehen).

Die unterstützenden Aktivitäten sozialer Organisationen richten sich tatsächlich häufig auf institutionelle Veränderungen, und diese Aktivitäten können als Teil der unvollkommenen Pflichten betrachtet werden, die Individuen und Gruppen in einer Gesellschaft zukommen, in der grundlegende Menschenrechte verletzt werden. Onora O'Neill betont zu Recht die Bedeutung von Institutionen für die Umsetzung von Wohlfahrtsrechten (und sogar für wirtschaftliche und soziale Rechte im Allgemeinen). Doch die moralische

Bedeutsamkeit dieser Rechte liefert gute Gründe dafür, ihre Umsetzung über den Ausbau und die Reform der Institutionen anzustreben. Dies kann durch unterschiedliche Herangehensweisen unterstützt werden, unter anderem dadurch, dass eine angemessene Gesetzgebung eingefordert und öffentlich für diese eingetreten wird, sowie dadurch, dass die gesetzlichen Anforderungen durch politische Anerkennung und gesellschaftliches Monitoring ergänzt werden. Den moralischen Stellenwert dieser Ansprüche zu bestreiten, würde bedeuten, die Beweggründe zu ignorieren, die diesen konstruktiven Aktivitäten zugrunde liegen.

Die *Umsetzbarkeitskritik* geht von dem Argument aus, dass es möglicherweise trotz größter Bemühungen nicht machbar ist, viele der geltend gemachten wirtschaftlichen und sozialen Rechte für alle umzusetzen. Dies wäre nur eine empirische (durchaus für sich genommen interessante) Beobachtung gewesen, doch sie wird für eine vermeintlich schlagkräftige Kritik an der Anerkennung dieser eingeforderten Rechte verwendet, indem weitgehend unbegründet davon ausgegangen wird, dass anerkannte Menschenrechte notwendigerweise zur Gänze umgesetzt werden müssten. Würde man diese Annahme akzeptieren, hätte das zur Folge, dass viele sogenannte wirtschaftliche und soziale Rechte sofort aus dem Bereich möglicher Menschenrechte herausfallen würden, besonders in den ärmeren Gesellschaften.

Maurice Cranston formuliert das Argument folgendermaßen:

Die traditionellen politischen und bürgerlichen Rechte sind nicht schwer zu institutionalisieren. Im Wesentlichen verlangen sie von Regierungen und anderen Menschen allgemein, einen in Ruhe zu lassen. [...] Die Probleme, die sich durch Ansprüche auf wirtschaftliche und soziale Rechte ergeben, sind jedoch von einer ganz anderen Tragweite. Wie kann man Regierungen jener Teile Asiens, Afrikas und Südamerikas, in denen die Industrialisierung kaum begonnen hat, vernünftigerweise dazu aufrufen, soziale Sicherheit und bezahlten Urlaub für Millionen von Menschen, die an diesen Orten leben und so rasch mehr werden, bereitzustellen?[65]

Zur Einschätzung dieser Art von Zurückweisung müssen wir uns fragen: Warum sollte eine vollständige Umsetzbarkeit eine Bedingung für die Stichhaltigkeit von Menschenrechten sein, wenn das Ziel darin besteht, auf die Verbesserung ihrer tatsächlichen Umsetzung hinzuarbeiten, falls nötig, indem ihre Umsetzbarkeit ausgeweitet wird? Aus dem Verständnis heraus, dass einige Rechte nicht vollständig umgesetzt und vielleicht unter den gegenwärtigen Umständen auch nicht vollständig *umsetzbar* sind, lässt sich an sich keineswegs die Schlussfolgerung ziehen, dass sie aus diesem Grund überhaupt keine Rechte sind.[66] Vielmehr deutet dieses Verständnis darauf hin, dass es notwendig ist, auf die Veränderung der derzeitigen Umstände hinzuarbeiten, um die nicht umgesetzten

Rechte umsetzbar zu machen und schließlich umzusetzen.[67]

In diesem Zusammenhang sei auch bemerkt, dass sich die Frage der Umsetzbarkeit nicht nur auf wirtschaftliche und soziale Rechte beschränkt; es handelt sich um ein sehr viel weiter verbreitetes Problem. Selbst im Hinblick auf Freiheiten und Autonomien ist es nie besonders einfach gewesen, zu gewährleisten, dass Menschen »in Ruhe gelassen« werden – auch wenn Cranston dies für einfach zu halten scheint. Diese elementare, stets leicht erkennbare Tatsache sollte heute eigentlich von jedem recht klar eingesehen werden, zumindest seit dem 11. September 2001 (und aktuelleren Ereignissen). Würde man die gegenwärtige Umsetzbarkeit der Gewährleistung einer vollständigen und umfassenden Realisierung der Menschenrechte zu einer notwendigen Bedingung für die Stichhaltigkeit jedes Rechts machen, könnte es durchaus sein, dass nicht nur wirtschaftliche und soziale Rechte, sondern auch Freiheiten, Autonomien und sogar politische Rechte hinter der geforderten Stichhaltigkeit zurückblieben.

IX. Die Reichweite des vernünftigen öffentlichen Diskurses

Wie können wir beurteilen, ob Ansprüche auf Menschenrechte akzeptabel sind? Und wie können wir die Herausforderungen bewerten, vor denen sie vielleicht stehen? Wie würde eine solche Erörterung – oder Verteidigung – vorgehen? Ich würde argumentieren, dass es wie bei der Bewertung anderer moralischer Ansprüche irgendeinen Test geben muss, mit dem die Ansprüche offen und fundiert überprüft werden. Und wir müssen auf eine solche Überprüfung setzen, um zu einer Ablehnung oder Zustimmung zu gelangen. Die Stellung dieser moralischen Ansprüche muss letztendlich von ihrer Fähigkeit abhängen, einer ungehinderten Diskussion standzuhalten.[68] In diesem Sinne hängt die Realisierbarkeit der Menschenrechte mit dem zusammen, was John Rawls als »öffentlichen Vernunftgebrauch« bezeichnet hat, sowie mit dessen Rolle in der »moralischen Objektivität«.[69]

Es ist tatsächlich außerordentlich wichtig, den Zusammenhang zwischen öffentlichem Diskurs bzw. öffentlichem Vernunftgebrauch und der Formulierung und Anwendung der Menschenrechte zu verstehen. Jede allgemeine Plausibilität, die diese moralischen Ansprüche oder deren Ablehnungen besitzen, hängt gemäß dieser Theorie davon ab, wie sie sich halten können und wie erfolgreich sie sind, wenn sie auf eine ungehinderte Diskussion und Überprüfung sowie eine angemessen breite Verfügbarkeit von Informationen stoßen. Die Überzeugungskraft eines Anspruchs auf ein Menschenrecht würde ernsthaft untergraben, wenn sich zeigen ließe, dass er einer freien, öffentlichen Überprüfung wahrscheinlich nicht standhalten würde. Doch entgegen einem häufig vorgebrachten Grund für Skepsis und Ablehnung kann die Verteidigung von Menschenrechten nicht einfach mit dem (möglicherweise durchaus korrekten) Hinweis darauf abgetan werden, dass viele dieser Menschenrechte in politisch und sozial repressiven Regimen, die keine freie, öffentliche Diskussion zulassen, überhaupt nicht ernst genommen werden. Eine uneingeschränkte kritische Überprüfung ist sowohl für eine Zurückweisung als auch für eine Verteidigung von essentieller Bedeutung. Auch im Hinblick auf die Anwendung der Menschenrechte ist die Tatsache, dass das Monitoring von Menschenrechtsverletzungen und die Methode des öffentlichen Anprangerns derart wirkungsvoll sein können (zumindest, um diejenigen, die für die Verletzungen verantwortlich sind, in die Defensive zu drängen), ein gewisser Hinweis auf die Reichweite des vernünftigen öffentlichen Diskurses, sofern Informationen verfügbar werden und moralische Argumente erlaubt statt unterdrückt werden.

Es ist jedoch wichtig, den Bereich des öffentlichen Diskurses bzw. des öffentlichen Vernunftgebrauchs nicht nur auf eine bestimmte Gesellschaft zu beschränken – besonders nicht im Falle der Menschenrechte, angesichts der unvermeidlich nicht-provinziellen bzw. unbeschränkten Natur dieser Rechte, die für alle Menschen gelten sollen. Dies steht im Gegensatz zu der besonders in Rawls' späteren Werken anzutreffenden Tendenz, eine solche öffentliche Auseinandersetzung auf innerhalb der Grenzen jeder einzelnen Nation (oder jedes »Volkes«, wie Rawls dieses regionale Kollektiv nennt) zu beschränken, um zu bestimmen, was zumindest in Bezug auf innerstaatliche Angelegenheiten gerecht wäre.[70] Wir können im Gegenteil verlangen, dass die Diskussion, selbst im Hinblick auf innerstaatliche Gerechtigkeit (und sei es auch nur, um provinzielle Vorurteile zu vermeiden und auch eine größere Bandbreite an Gegenargumenten zu prüfen), auch Ansichten mit »einem gewissen Abstand« einbezieht. Dass dies notwendig ist, hat Adam Smith überzeugend erkannt:

> Wir können nie unsere eigenen Gefühle und Motive untersuchen, wir können nie irgendein Urteil über sie fällen; es sei denn, wir entfernen uns gewissermaßen selbst von unserer eigenen natürlichen Position und bemühen uns, sie wie mit einem gewissen Abstand zu uns zu betrachten. Doch wir können dies auf keine andere Weise tun als dadurch, dass wir uns bemühen, sie mit den Augen anderer Menschen zu sehen, oder wie andere Menschen sie wahrscheinlich sehen werden.[71]

Der universalistische Charakter von Adam Smiths Ansatz wirft die Frage auf, ob entfernt lebende Menschen tatsächlich eine nützliche Überprüfung lokaler Fragestellungen vornehmen können, angesichts der für »unüberwindbar« gehaltenen, kulturellen Barrieren. Einer der Kritikpunkte von Edmund Burke an der französischen Erklärung der Menschenrechte und ihrem universalistischen Geist drehte sich darum, zu bestreiten, dass dieser Begriff in anderen Kulturen akzeptiert werden könnte. Burke vertrat die Auffassung, dass sich »die Freiheiten und die Einschränkungen mit den Zeiten und Umständen ändern und unendlich viele Veränderungen erlauben, die nicht durch eine abstrakte Regel entschieden werden können«.[72] Das Argument, dass aus diesem oder einem ähnlichen Grund die Universalität, die dem Begriff der Menschenrechte zugrunde liegt, wesentlich verfehlt ist, lässt sich auch in vielen anderen Schriften finden.

So übte zum Beispiel Rosa Luxemburg[73], eine marxistische Vordenkerin und politische Führungsfigur im frühen 20. Jahrhundert, eine ähnliche Art von Kritik an dem, was sie als »metaphysische Phrase von der Art der ›Menschenrechte‹ und der ›Bürgerrechte‹« bezeichnete.[74] Doch eine Überprüfung der tatsächlichen Anliegen Rosa Luxemburgs bringt bemerkenswerterweise zum Vorschein, dass sie selbst beharrlich universalistische Prinzipien geltend machte, wie es in der marxistischen Tradition durchaus üblich ist (man denke nur an: »Jeder nach seinen Fähigkeiten, jedem nach seinen Bedürfnissen«). Luxemburg betonte lieber gern, dass die *Untermauerung* dieser Prinzipien von den gegebenen konkreten Verhältnissen abhängen muss. Lässt man die Rhetorik beiseite, ist es in der Tat ohne Weiteres möglich, bei einer entsprechend kontingenten oder parametrischen Spezifizierung der genauen Anforderungen der Menschenrechte universalistische Grundprinzipien allgemein anzuwenden und dabei gleichzeitig Luxemburgs Hinweis auf die

Relevanz der lokalen Verhältnisse und regionalen Bedingungen zu beachten.

Allerdings ist im Laufe der Jahrhunderte immer wieder der Glaube an unüberwindbare Schranken zwischen den Werten verschiedener Kulturen in Erscheinung getreten, und er wird heute mit Nachdruck vertreten. Manchmal kommt die Behauptung der eigenen grandiosen Einzigartigkeit und oftmals auch Überlegenheit von Kritikern »westlicher Werte«. Sie reichen von Verfechtern lokal oder regional verorteter Ethiken (besonders schön veranschaulicht durch den Wirbel in den 1990ern um die unvergleichliche Vortrefflichkeit »asiatischer Werte«) bis hin zu religiösen oder kulturellen Separatisten (zum Teil begleitet von einem Fundamentalismus der einen oder anderen Art). Manchmal stammt die Behauptung der Einzigartigkeit jedoch auch von westlichen Partikularisten. Ein gutes Beispiel dafür stellt Samuel Huntingtons Behauptung dar, dass der »Westen [...] der Westen [war], lange bevor er modern war« und dass »die Herausbildung eines Individualitätsgefühls und einer Tradition individueller Rechte und Freiheiten« unter zivilisierten Gesellschaften einzigartig sind.[75] Ebenso hat die bedeutende Historikerin für Ideengeschichte, Gertrude Himmelfarb, die Auffassung vertreten, dass Vorstellungen von »Gerechtigkeit«, »Recht«, »Vernunft« und »Menschenliebe« »vorwiegend, vielleicht sogar einzigartig westliche Werte« seien.[76]

Ich habe diese kritischen Analysen andernorts erörtert.[77] Im Gegensatz zu kulturellen Stereotypen zeigen sich in der Geschichte verschiedener Länder auf der Welt im Lauf der Zeit ebenso wie zwischen den verschiedenen Traditionen innerhalb desselben Landes erhebliche Unterschiede. In vielen Ländern der Welt hat das Eintreten für eine freie, öffentliche Diskussion, die unterschiedliche Standpunkte toleriert und fördert, eine lange Tradition. Tatsächlich fanden einige der frühesten offenen, allgemeinen Versammlungen, die speziell die Schlichtung von Streitigkeiten zwischen verschiedenen Standpunkten anstrebten, in den sogenannten buddhistischen Konzilen in Indien statt, von denen das erste kurz nach Gautama Buddhas Tod vor 2500 Jahren abgehalten wurde. Das größte dieser Konzile, das dritte, fand im dritten Jahrhundert v. Chr. unter der Schirmherrschaft des Herrschers Aśoka statt. Aśoka versuchte auch die Regeln für öffentliche Diskussionen in einem Kodex festzulegen und zu verbreiten. Diese Regeln dürften zu den frühesten Formulierungen ihrer Art zählen und stellen eine Art antiker Version von *Robert's Rules of Order*[78] aus dem 19. Jahrhundert dar. Er forderte zum Beispiel »Zurückhaltung in der Rede, sodass es keine Lobpreisungen der eigenen Sekte oder Verunglimpfungen anderer Sekten bei unpassenden Gelegenheiten geben sollte, und die Rede sollte selbst bei angemessenen Anlässen gemäßigt sein«. Selbst während eines Streitgesprächs »sollten andere Sekten in jeder Hinsicht bei jeder Gelegenheit gebührend geehrt werden«.

Um ein weiteres historisches Beispiel zu nennen: Im frühen Japan des siebten Jahrhunderts fertigte der buddhistische Prinz Shōtoku als Regent der Kaiserin Suiko[79] im Jahr 604 n. Chr. die sogenannte Verfassung in 17 Artikeln an. Ganz im Geiste der *Magna Charta*, die sechs Jahrhunderte später, im Jahr 1215 n. Chr. unterzeichnet werden sollte, verlangte die Verfassung: »Entscheidungen über wichtige Angelegenheiten sollten nicht von einer Person allein getroffen werden. Sie sollten mit vielen diskutiert werden.«

Als im 12. Jahrhundert der jüdische Philosoph Maimonides[80] aus einem intoleranten Europa fliehen musste, um zu versuchen, sein Menschenrecht zu schützen, an seinen eigenen religiösen Überzeugungen und Praktiken festzuhalten, suchte er Schutz im Ägypten des Herrschers Saladin (über Fez und Palästina), und fand eine angesehene Position am Hofe dieses muslimischen Herrschers. Einige hundert Jahre später, als in Agra der Mogulherrscher von Indien, Akbar, über die Pflicht der Regierung, das Recht auf Religionsfreiheit aller Bürger zu schützen, diskutierte und dies gesetzlich verankerte, herrschte in Europa immer noch die Inquisition, und Giordano Bruno[81] wurde 1600 in Rom auf dem Scheiterhaufen verbrannt.

In seiner Autobiographie *Long Walk to Freedom* [*Der lange Weg zur Freiheit*] beschreibt Nelson Mandela[82], wie er als Junge Demokratie und individuelle Rechte kennenlernte, indem er den Beratungen der lokalen Versammlungen beiwohnte, die im Hause des Regenten in Mqhekezweni abgehalten wurden:

Es sprach jeder, der sprechen wollte. Es war Demokratie in ihrer reinsten Form. Unter den Rednern mag es zwar eine Hierarchie geben, was die Bedeutung der einzelnen betrifft, doch wurde jeder angehört, ob Häuptling oder einfacher Mann, Krieger oder Medizinmann, Ladenbesitzer oder Farmer, Landbesitzer oder Arbeiter.[83]

Nicht nur werden die Unterschiede in Bezug auf Freiheiten und Rechte, die tatsächlich zwischen verschiedenen Gesellschaften bestehen, häufig deutlich übertrieben, sondern auch den erheblichen Unterschieden, die *innerhalb* jeder lokalen Kultur – im Lauf der Zeit und auch zu einem bestimmten Zeitpunkt (insbesondere im Augenblick) – bestehen, wird üblicherweise wenig Beachtung geschenkt. Was für »fremde« Kritiken gehalten wird, entspricht häufig internen Kritiken, die von Gruppen kommen, die nicht der Mehrheitsgruppe der Gesellschaft angehören. Wenn etwa iranische Dissidenten von einem autoritären Regime gerade wegen ihrer abweichenden Meinungen inhaftiert werden, würde jede Andeutung, dass sie als »Botschafter westlicher Werte« betrachtet werden sollten, ihre Lage nur noch verschlimmern.

Dieses Thema ist besonders wichtig, wenn man bestimmen möchte, was in einer Welt mit vielen kulturellen Unterschieden für kulturell »parteiisch« gehalten werden kann. Charles Beitz hält zu Recht die Auffassung für unplausibel, dass die Inanspruchnahme der Menschenrechte von einer »angeblich symmetrischen Beziehung zur Vorstellung von politischer Gerechtigkeit oder Legitimität ausgeht, die sich in den Kulturen der Welt finden lässt«. Stattdessen versucht er, sie im Hinblick auf »die Rolle, die sie in internationalen Beziehungen spielen«, zu rechtfertigen.[84] Doch wie sollte diese »Rolle« im Hinblick auf ihre Akzeptierbarkeit beurteilt werden? Und in welcher Hinsicht sollte eine solche Bewertung kulturell »parteiisch« sein? Wenn die vorliegende Argumentation richtig ist, dann müssen wir unterscheiden zwischen (1) den Werten, die in einer Gesellschaft dominieren (unabhängig davon, wie repressiv die Gesellschaft ist), und (2) den Werten, von denen man erwarten könnte, dass sie eine breitere Anhängerschaft und Unterstützung gewinnen, sobald eine offene Diskussion erlaubt wird, sobald Informationen über andere Gesellschaften freier verfügbar werden und sobald Abweichungen von den etablierten Ansichten ohne jede Unterdrückung und angstfrei geäußert und verteidigt werden können.

»Unparteiisch« zu sein fordert, dass man die Partizipation von Menschen aus allen Winkeln der Erde respektiert, was nicht dasselbe ist wie die vorherrschenden Prioritäten in bestehenden Gesellschaften zu akzeptieren, wenn Informationen extrem beschränkt werden und Diskussionen und abweichende Meinungen nicht erlaubt sind. Eine breite *Akzeptierbarkeit*, die von einer vorher vorhandenen allgegenwärtigen *Akzeptanz* unterschieden werden muss, ist in jeder gesellschaftlichen Bewertung ein wichtiges

Thema, auch wenn man sich mit der Rolle befasst, die die Menschenrechte in den internationalen Beziehungen spielen.

Es bestehen natürlich durchaus beträchtliche Unterschiede hinsichtlich der offensichtlichen allgemeinen Ansichten und beobachteten vorgefassten Meinungen in verschiedenen Ländern und verschiedenen Gesellschaften. Diese Meinungen und Überzeugungen spiegeln häufig, wie Adam Smith in einer äußerst erhellenden Analyse bemerkte, einen starken Einfluss existierender *Praktiken* in verschiedenen Teilen der Welt wider, gepaart mit einem fehlenden, breiteren intellektuellen Engagement. Die Notwendigkeit einer offenen Überprüfung, mit uneingeschränktem Zugang zu Informationen (einschließlich solchen zu Praktiken in anderen Teilen der Welt und den dortigen Erfahrungen) ist auf Grund dieser Zusammenhänge besonders groß. Genau deshalb ist Adam Smiths Beharren auf der Notwendigkeit, Handlungen und Praktiken mit einem »gewissen Abstand« zu betrachten, so wichtig für die normative Ethik im Allgemeinen und für das Verständnis der Menschenrechte im Besonderen.

In einem Kapitel mit der Überschrift »Zum Einfluss der Sitten und Bräuche auf die Gefühle moralischer Billigung und Missbilligung« veranschaulichte Smith seine Behauptung:

Der Mord an neugeborenen Säuglingen war eine Praxis, die in beinahe allen Staaten Griechenlands erlaubt war, selbst unter den feinen und zivilisierten Athenern; und das Kind, wann immer die Situation des Vaters es ungünstig werden ließ, es aufzuziehen, dem Hunger oder wilden Tieren zu überlassen, wurde ohne Schuld oder Tadel betrachtet. [...] Anhaltende Sitte hatte diese Praxis zu dieser Zeit so gründlich autorisiert, dass nicht nur die lockeren Maximen der Welt dieses barbarische Vorrecht tolerierten, sondern sogar die Lehre von Philosophen, die gerechter und genauer hätte sein sollen, wurde durch die etablierte Sitte in die Irre geleitet, und unterstützte mit weit hergeholten Überlegungen des praktischen Nutzens bei dieser wie bei vielen anderen Gelegenheiten den schrecklichen Missbrauch, statt ihn zu tadeln. Aristoteles spricht von ihm als dem, was die Richter in vielen Situationen unterstützen sollten. Platon teilt diese Meinung und straft, bei aller Menschenliebe, mit der seine Werke erfüllt zu sein scheinen, diese Praxis an keiner Stelle mit Missbilligung.[85]

Dinge, die in einer isolierten Gesellschaft für vollkommen »normal« und »vernünftig« gehalten werden, halten möglicherweise einer Untersuchung auf breiterer Basis, die weniger beschränkt ist, nicht stand, sobald die provinziellen Bauchentscheidungen durch eine kritische Überprüfung ersetzt werden, die ein Bewusstsein für die weltweiten Unterschiede in den Praktiken und Normen einschließt.[86]

Eine Überprüfung mit einem gewissen Abstand könnte bei der Bewertung von Praktiken, die so unterschiedlich voneinander sind wie das Steinigen ehebrecherischer Frauen in Afghanistan unter den Taliban und die häufige Anwendung der Todesstrafe (manchmal unter dem Jubel der Menge) in Teilen der Vereinigten Staaten, einige Vorteile bieten. Es sind Probleme wie diese, die Smith darauf beharren ließen, dass »die Augen der übrigen Menschheit« geltend gemacht werden müssen, um zu verstehen, ob »eine Strafe recht und billig erscheint«.[87] Letztlich erfordert die Disziplin der kritischen moralischen Überprüfung unter anderem, »sich zu bemühen, [unsere Gefühle und Überzeugungen] mit den Augen anderer Menschen zu sehen, oder so, wie andere Menschen sie wahrscheinlich sehen«.[88]

Die Notwendigkeit eines grenzüberschreitenden Austauschs kann in reichen Gesellschaften ebenso groß sein wie in armen Gesellschaften.[89] Es geht hier nicht so sehr darum, ob es uns *erlaubt* ist, grenzüberschreitende Überprüfungen vorzunehmen, sondern es geht darum, dass die Disziplin der kritischen Bewertung moralischer Gefühle, unabhängig davon, wie lokal etabliert sie sein mögen, *verlangt*, dass eine solche Überprüfung vorgenommen wird.

X. Eine abschließende Bemerkung

Ich habe in diesem Aufsatz versucht, die Elemente einer Theorie der Menschenrechte darzulegen, die die Menschenrechte als sozialethische Behauptungen versteht, die sich durch einen freien, öffentlichen Diskurs stützen lassen. Sie können sich in einer Rechtsordnung zum Beispiel in speziellen »Menschenrechtsbestimmungen« widerspiegeln (oder auch nicht), doch gibt es auch andere Wege, die Menschenrechte umzusetzen (darunter öffentliche Anerkennung, öffentlicher Aktivismus und Monitoring).

Da die Hauptthemen, die in diesem Aufsatz entwickelt wurden, in Abschnitt II ausdrücklich genannt wurden, werde ich nicht versuchen, eine weitere Zusammenfassung in diesem abschließenden Abschnitt zu leisten. Ich möchte jedoch betonen, dass das Verständnis und die Umsetzbarkeit der Menschenrechte nach dieser Auffassung eng mit der Reichweite der vernünftigen öffentlichen Diskussion zwischen Personen und über Grenzen hinweg verknüpft sind. Die Umsetzbarkeit und Universalität der Menschenrechte hängen von ihrer Fähigkeit ab, einer offenen, kritischen Überprüfung im öffentlichen Diskurs standzuhalten. Die Methodologie der öffentlichen Überprüfung stützt sich auf das Rawls'sche Verständnis von »Objektivität« in der Ethik, doch die erforderliche Unparteilichkeit lässt sich nicht auf das Gebiet innerhalb der Grenzen einer Nation beschränken.

Die Tatsache, dass sich autoritäre Systeme normalerweise sehr vor unzensierten Nachrichtenmedien und einer uneingeschränkten öffentlichen Diskussion fürchten und aus diesem Grunde häufig genug auf Unterdrückung zurückgreifen (einschließlich Zensur, Einschüchterung, Inhaftierung und sogar Exekution), liefert einige indirekte Belege dafür, dass der Einfluss des öffentlichen Diskurses tatsächlich sehr groß sein kann. Dieser Einfluss erklärt auch die Wirksamkeit der interaktiven Mittel und Wege, zu denen soziale Anerkennung, informationsbasiertes Monitoring und öffentlicher Aktivismus gehören, und die von Menschenrechtsaktivisten häufig genutzt werden. Sicherlich ist es notwendig, den assoziativen Charakter der Akzeptierbarkeit von Werten noch besser zu verstehen, und dies verlangt von uns, dass wir weit über unser bequemes Vertrauen in die bestehenden Sitten der dominanten sozialen Gruppen in den jeweiligen Gesellschaften hinausgehen.

Zusammenfassend haben Menschenrechtsaktivisten trotz ihrer praktischen Anliegen allen Grund, der Skepsis, die die Idee der Menschenrechte unter vielen Rechtstheoretikern und politischen Theoretikern hervorruft, Beachtung zu schenken. Diesen Zweifeln muss – und kann – begegnet werden. Doch es ist auch wichtig zu betonen, dass das konzeptionelle Verständnis der Menschenrechte seinerseits maßgeblich davon profitieren kann, wenn die Gründe, die die Aktivisten antreiben, und die Vielfalt und Wirksamkeit der praktischen Aktionen, die sie unternehmen, darunter Anerkennung, Monitoring und Aktivismus, zusätzlich zur Gesetzgebung berücksichtigt werden. Konzeptionelle Klarheit ist nicht nur wichtig für die Praxis, sondern der Reichtum der Praxis ist nach meiner Argumentation auch von maßgeblicher Relevanz, um das Konzept und die Reichweite der Menschenrechte zu verstehen. Ich komme daher notwendigerweise zu dem Schluss, dass es kein großes Defizit in der Leistungsbilanz zwischen Theorie und Praxis gibt.

Zu dieser Ausgabe

Grundlage der Übersetzung ist die Erstveröffentlichung des Aufsatzes:

Elements of a Theory of Human Rights. In: Philosophy and Public Affairs 32 (2004) Nr. 4. S. 315–356. © 2004 by John Wiley & Sons.

Die Veröffentlichung erfolgt mit freundlicher Genehmigung von Amartya Sen.

Typographische Besonderheiten, wie etwa zur Hervorhebung kursiv gesetzter Textteile, wurden beibehalten. Die Anmerkungen in eckigen Klammern [] stammen vom Verlag.

Anmerkungen

Eine frühere Version dieses Aufsatzes diente mir als meine Gilbert-Murray-Vorlesung (»Why Invent Human Rights?«), die ich am 14. November 2002 in Oxford gehalten habe. Für hilfreiche Vorschläge bin ich insbesondere den Herausgebern von *Philosophy and Public Affairs* dankbar, ebenso wie Catherine Barnard, Rosanne Flynn, Sakiko Fukuda Parr, Ivan Hare, Will Kymlicka, Jo Miles, Martha Nussbaum, Onora O'Neill, Siddiq Osmani, Mary Robinson, Emma Rothschild, Thomas Scanlon, Arjun Sengupta, Frances Stewart, Rosemary Thorpe und Rosie Vaughan.

1   Vgl. *International Human Rights in Context. Law, Politics and Morals*, hrsg. von Henry J. Steiner und Philip Alston, New York 2000; Richard Falk, *Human Rights Horizons. The Pursuit of Justice in a Globalizing World*, New York 2000; Jack Donnelly, *Universal Human Rights in Theory and Practice*, Ithaca (NY) ²2003. Vgl. auch Micheline R. Ishay [Hrsg.], *The Human Rights Reader. Major Political Writings, Essays, Speeches, and Documents from the Bible to the Present*, New York 1997.

2   [Jeremy Bentham: 1748–1832, englischer Philosoph und Sozialreformer, gilt als Begründer des Utilitarismus.]

3   Jeremy Bentham, *Anarchical Fallacies; Being an Examination of the Declaration of Rights Issued during the French Revolution* (1792); Repr. in: *The Works of Jeremy Bentham*, Bd. 2, hrsg. von J. Bowring, Edinburgh 1843, S. 501.

4   Vgl. Ivan Hare, »Social Rights as Foundational Human Rights«, in: *Social and Labour Rights in Global Context*, hrsg. von Bob Hepple, Cambridge 2002, und William F. Felice, *The Global New Deal. Economic and Social Human Rights in World Politics*, Lanham (MD) 2003. Vgl. auch Cass R. Sunstein, *After the Rights Revolution. Reconceiving the*

Regulatory State, Cambridge 1990, sowie Thomas W. Pogge, *World Poverty and Human Rights. Cosmopolitan Responsibilities and Reforms,* London 2002.

5   Die Argumentationen, die hinter einer solchen Ablehnung stehen, sind schlagkräftig von Maurice Cranston, »Are There Any Human Rights?«, in: *Daedalus* (1983) S. 1–17, und Onora O'Neill, *Towards Justice and Virtue,* Cambridge 1996, dargelegt worden. Vgl. auch Michael Ignatieffs Kritik in *Human Rights as Politics and Idolatry,* Princeton 2001, in der er einige Menschenrechtsansprüche befürwortet, während er andere energisch bestreitet.

6   [*Karl Marx:* 1818–1883, Philosoph, Wirtschaftstheoretiker, Organisator der internationalen Arbeiterbewegung, Autor von *Manifest der Kommunistischen Partei* (mit Friedrich Engels) und *Das Kapital,* den wohl einflussreichsten ökonomischen Werken aller Zeiten.]

7   [*Mary Wollstonecraft:* 1759–1797, englische Schriftstellerin, Übersetzerin und Frauenrechtlerin.]

8   [*Adam Smith:* 1723–1790, schottischer Aufklärer und Moralphilosoph, Gründungsfigur für die klassische Nationalökonomie.]

9   [*public reasoning:* wird häufig, angelehnt an die Diskussion rund um John Rawls' Begriff des »public reason« bzw. »public reasoning«, mit ›öffentlichem Vernunftgebrauch‹ übersetzt. Doch einfacher verständlich und näher an der Bedeutung bei Sen im Original scheint meist ›öffentlicher Diskurs‹ oder ›vernünftiger öffentlicher Diskurs‹ zu sein, da das »public reasoning« bei ihm eben auf den gemeinsamen, vernünftigen Austausch von Argumenten in einem gemeinsamen, gleichberechtigten und jeder Person offenstehenden Diskurs abstellt. Entsprechend wird im Folgenden in der Regel diese Übersetzung gewählt. Nur dort, wo Sen direkt Bezug auf Rawls' Position nimmt, wird auch von ›öffentlichem Vernunftgebrauch‹ gesprochen.]

10 Unterschiedliche Varianten dieser zwei gegensätzlichen Positionen, und außerdem weitere Alternativen, die sich von beiden unterscheiden, werden hilfreich erörtert und voneinander unterschieden in: Charles Beitz, »Human Rights as a Common Concern«, in: *American Political Science Review* 95 (Juni 2001) S. 269–282.

11 [*Freiheit von Folter:* Damit ist zugleich das gesetzliche Verbot von und der Schutz der Bürger*innen vor Folter gemeint.]

12 [*Immanuel Kant:* 1724–1804, einer der bedeutendsten Philosophen überhaupt, insbesondere durch seine drei *Kritiken.*]

13 Immanuel Kant, *Kritik der praktischen Vernunft* (1788).

14 In einem früheren Aufsatz habe ich die Relevanz der kantischen Unterscheidung zwischen »vollkommenen« und »unvollkommenen« Pflichten selbst für eine weitgehend konsequentialistische Struktur erörtert. »Consequential Evaluation and Practical Reason«, in: *Journal of Philosophy* 97 (2000) S. 477–502.

15 Einige der zentralen Fragen werden erörtert von John Mackie, »Can There Be a Rights-based Moral Theory?«, in: *Studies in Ethical Theory. Midwest Studies in Philosophy* 3, hrsg. von Peter A. French [u. a.], Morris (MN) 1978, Repr. in: *Theories of Rights,* hrsg. von Jeremy Waldron, Oxford 1984, S. 168–181.

16 Dies gilt nicht nur für das Fortbestehen von Meinungsverschiedenheiten zwischen Personen, sondern auch für bestimmte Bereiche mit ungeklärten Streitfragen, die bei den eigenen vernünftigen Bewertungen einer einzelnen Person auftreten. Eine angemessene Theorie der Rationalität muss einen Spielraum für eine solche »Unvollständigkeit« der Bewertung schaffen. Ich diskutiere das allgemeine Problem der Zulässigkeit von Unvollständigkeit in *Collective Choice and Social Welfare*, San Fransisco 1970, Repr.: Amsterdam 1979; »Maximization and the Act of Choice«, in: *Econometrica* 65 (1997) S. 745–780, Repr. in: *Rationality and Freedom,*

Cambridge 2002; und außerdem in: »Incompleteness and Reasoned Choice«, in: *Synthese* 140 (2004) S. 43–59. Vgl. außerdem Isaac Levi, *Hard Choices. Decision Making under Unresolved Conflict*, Cambridge 1986, und Hilary Putnam, »Über die Rationalität von Präferenzen«, in: *Allgemeine Zeitschrift für Philosophie* 21 (1996) S. 204–228, engl.: »On the Rationality of Preferences«, in: *The Collapse of the Fact / Value Dichotomy and Other Essays*, Cambridge 2002.

17 Außerdem sind, wie Jeremy Waldron argumentiert hat, Meinungsverschiedenheiten über Rechte »ein Zeichen – das bestmögliche Zeichen in der modernen Situation –, dass Menschen *Rechte ernstnehmen*.« Vgl. *Law and Disagreement*, Oxford 2001, S. 311.

18 Vgl. u. a. Jeremy Bentham, *An Introduction to the Principles of Morals and Legislation*, London 1789, Repr. in: Oxford [1876]); Henry Sidgwick, *The Method of Ethics*, London 1874; A. C. Pigou, *The Economics of Welfare*, London 1920; Frank P. Ramsey, *Foundations. Essays in Philosophy, Logic, Mathematics and Economics*, London 1978; Richard M. Hare, *Freedom and Reason*, Oxford 1963; J. C. B. Gosling, *Pleasure and Desire*, Oxford 1969; Derek Parfit, *Reasons and Persons*, Oxford 1984; R. E. Goodin, »Laundering Preferences«, in: *The Foundations of Social Choice Theory*, hrsg. von Jon Elster und Aanund Hylland, Cambridge 1986, S. 75–101; James Griffin, *Well-being*, Oxford 1986; John Broome, *Weighing Goods*, Oxford 1991; neben vielen anderen Beiträgen.

19 [*John Stuart Mill:* 1806–1873, britischer Ökonom und Philosoph, sozialer Reformer und Anhänger des Utilitarismus.]

20 Vgl. Aristoteles, *The Nicomachean Ethics*, übers. von David Ross, überarb. Aufl., Oxford 1980, und John Stuart Mill, *Utilitarianism*, London 1861; Repr.: London 1962. Ich habe die damit verbundenen Probleme in »Plural Utility« erörtert, in: *Proceedings of the Aristotelian Society* 81 (1980–81) S. 193–215.

21 Vgl. John F. Nash, »The Bargaining Problem«, in: *Econometrica* 18 (1950) S. 155–162; John C. Harsanyi, »Cardinal Welfare, Individualistic Ethics, and Interpersonal Comparisons of Utility«, in: *Journal of Political Economy* 63 (1955) S. 309–321; James A. Mirrlees, »An Exploration of the Theory of Optimum Income Taxation«, in: *Review of Economic Studies* 38 (1971) S. 175–208.

22 Diese Themen werden diskutiert in: Amartya Sen, »Interpersonal Aggregation and Partial Comparability«, in: *Econometrica* 38 (1970) S. 393–409, und *Choice, Welfare and Measurement*, Oxford 1982; Repr.: Cambridge 1997; Charles Blackorby, »Degrees of Cardinality and Aggregate Partial Orderings«, in: *Econometrica* 43 (1975) S. 845–852; Ben J. Fine, »A Note on ›Interpersonal Aggregation and Partial Comparability‹«, in: *Econometrica* 43 (1975) S. 169–172; *Interpersonal Comparisons of Well-beings*, hrsg. von Jon Elster und John Roemer, Cambridge 1991.

23 Jeremy Bentham, *Anarchical Fallacies* [s. Anm. 3], Bd. 2, S. 523.

24 Akzeptiert man einen allgemeinen Gegensatz zwischen den jeweiligen Kategorien moralischer Aussagen und gerichtlicher Urteile, so wird damit natürlich nicht die Möglichkeit bestritten, dass moralische Auffassungen zur Interpretation und somit zum wesentlichen Inhalt von Gesetzen beitragen können. Die Anerkennung dieser Möglichkeit mag gegen eine streng positivistische Rechtstheorie verstoßen (vgl. dazu Ronald Dworkin, *A Matter of Principle* [Cambridge 1985]). Dieses Verständnis hebt jedoch nicht die motivationale und bedeutende Unterscheidung zwischen vorwiegend moralischen Ansprüchen und hauptsächlich rechtskräftigen Verkündungen bzw. gerichtlichen Beschlüssen auf.

25 Man kann die Bedeutung von Rechten und Freiheiten natürlich mit der Bedeutsamkeit des Nutzens oder des Wohls

kombinieren und in die moralische Argumentation einbe-
ziehen, doch wenn solch ein »kombiniertes« System verfolgt
werden soll, wird man bei der Entwicklung eines kohären-
ten und integrierten *Sozialwahl*- bzw. *Social-Choice*-Ver-
fahrens einige Konsistenzprobleme bewältigen müssen; vgl.
dazu Amartya Sen, »Impossibility of a Paretian Liberal«, in:
Journal of Political Economy 78 (1970) S. 152–157, und *Rationality and Freedom* Cambridge 2002, Essays 12–14 und
20–22. Vgl. außerdem Robert Nozick, *Anarchy, State and
Utopia*, New York 1974, und die Sondernummer von *Analyse & Kritik* 18 (1996) zum »liberalen Paradox«, insbesondere
Kotaro Suzumura, »Welfare, Rights and Social Choice Proce-
dures«, S. 20–37.

26 [*Thomas Paine*: 1737–1809, gebürtiger Engländer, lebte ab
1774 in den späteren Vereinigten Staaten; einer der wichtigsten Gründerväter des Landes.]

27 Thomas Paine, *The Rights of Man. Being an Answer to Mr.
Burke's Attack on the French Revolution* (1791); zweiter Teil,
Combining Principle and Practice (1792); wiederveröff.: *The
Rights of Man*, London 1906. Mary Wollstonecraft, *A Vin-
dication of the Rights of Woman* (1792); Repr.: *The Rights of
Woman*, London 1929.

28 H. L. A. Hart, »Are There Any Natural Rights?«, in: *The
Philosophical Review* 64 (1955), Repr. in: *Theories of Rights*,
hrsg. von Jeremy Waldron, Oxford 1984, S. 79.

29 Vgl. dazu Maurice Cranston, »Are There Any Human
Rights?« [s. Anm. 5]

30 Die Gestalter der Allgemeinen Erklärung der Menschenrechte hofften 1948 tatsächlich, dass diese Erklärung als
Schablone für einen Katalog von Rechten in verschiedenen
Nationen dienen könnte und nationale Gerichte die Führung bei ihrer Durchsetzung übernehmen würden. Vgl.
Mary Ann Glendons wunderbaren Bericht über diese
bemerkenswerte Geschichte: *A World Made New. Eleanor*

Roosevelt and the Universal Declaration of Human Rights, New York 2001.

31 Da die Gilbert-Murray-Vorlesung, die ich im November 2002 in Oxford gehalten habe und die diesem Aufsatz zugrunde liegt, von OXFAM organisiert wurde (Gilbert Murray war einer der OXFAM-Gründer), bot dies auch eine passende Gelegenheit, um diesen breiteren Zusammenhang der Menschenrechte mit den vielfältigen Weisen, wie sie verfolgt werden können, zu erörtern.

32 Die moralische Kraft der Freiheiten kann jedoch dazu beitragen, Ansprüche gegenüber anderen zu schaffen. Zu verschiedenen Aspekten der »Verwicklungen« zwischen deskriptiven und evaluativen Anliegen vgl. Hilary Putnam, *The Collapse of the Fact / Value Dichotomy and Other Essays*, Cambridge 2002. Vgl. auch William Van Orman Quine, »Two Dogmas Of Empiricism«, in seinem Buch *From a Logical Point of View*, Cambridge 1961, S. 20–46 [dt.: *From a Logical Point of View / Von einem logischen Standpunkt aus. Drei ausgewählte Aufsätze*, engl./dt., übers. von Roland Bluhm, Stuttgart 2011] und Vivian Walsh, »Philosophy and Economics«, in: *The New Palgrave. A Dictionary of Economics*, hrsg. von John Eatwell, Murray Milgate und Peter Newman, London 1987, S. 861–869.

33 Der Bewertungsrahmen der substantiellen Freiheiten kann die Unfähigkeit einer Person, das zu erreichen, was sie begründet wertschätzt, stärker würdigen und verständlich machen. Vgl. dazu meinen Aufsatz »Well-being, Agency and Freedom: The Dewey Lectures 1984«, in: *Journal of Philosophy* 82 (1985) S. 169–220; *Inequality Reexamined* und *Development as Freedom*, New York 1999.

34 Im zweiten Fall (d. h. im Fall des Anspruchs auf notwendige ärztliche Versorgung) werden wir allerdings erörtern müssen, ob diese Art von »Wohlfahrtsrecht« [*welfare right*], oder allgemeiner, ob wirtschaftliche und soziale Rechte als Men-

schenrechte betrachtet werden können. Diese Untersuchung werde ich in Abschnitt VIII aufgreifen.

35 [*Fähigkeiten:* Anm. d. Ü.: Im Deutschen gibt es keine einheitliche Übersetzung für Sens »capability« bzw. »capabilities«. Einige übersetzen das Wort z. B. mit ›Fähigkeiten‹, andere mit ›Befähigungen‹, ›Vermögen‹, ›Entfaltungsmöglichkeiten‹ oder mit ›Verwirklichungschancen‹. Da sich »capability« ohne erkennbaren Sinnverlust mit ›Fähigkeit‹ übersetzen lässt, wurde hier diese in vielen anderen Kontexten gängige Übersetzung gewählt.]

36 Vgl. *Rationality and Freedom*, Cambridge 2002, besonders meine darin enthaltenen Arrow-Vorlesungen (»Freedom and Social Choice«): Essays 20–22.

37 Komplexere Merkmale des Möglichkeiten- und Prozessaspekts von Freiheiten werden auch in meinen Arrow-Vorlesungen erörtert (»Freedom and Social Choice«) in: *Rationality and Freedom*, Essays 20–22.

38 Zum Konzept der Fähigkeit vgl. meinen Aufsatz »Equality of What?« in: *Tanner Lectures on Human Values*, Bd. 1, hrsg. von Sterling M. VcMurrin, Cambridge / Salt Lake City 1980, S. 197–220 [dt.: *Gleichheit? Welche Gleichheit?*, übers. von Ute Kruse-Ebeling, Stuttgart 2019] und *Commodities and Capabilities*, Amsterdam 1985. Vgl. außerdem das zusammen mit Martha Nussbaum herausgegebene Buch *The Quality of Life*, Oxford 1993. Der Ansatz wird von Martha Nussbaum schlagkräftig entwickelt und angewendet: *Women and Human Development. The Capabilities Approach*, Cambridge 2000. Vgl. u. a. auch die sachverwandten Theorien substantieller Chancen bei Richard Arneson, »Equality and Equality of Opportunity for Welfare«, in: *Philosophical Studies* 56 (1989) S. 77–112; G. A. Cohen, »On the Currency of Egalitarian Justice«, in: *Ethics* 99 (1989) S. 906–944, und John E. Roemer, *Theories of Distributive Justice*, Cambridge 1996.

39 Die Bedeutung dieser Variabilität für eine Gerechtigkeitstheorie wird erörtert in meinem Aufsatz »Justice: Means
Versus Freedoms«, in: *Philosophy & Public Affairs* 19 (1990)
S. 111–121. Unterschiede in der Funktionsfähigkeit können sogar mit demselben Bündel an persönlichen Mitteln
(wie z. B. Grundgütern) auftreten, und zwar aus unter-
schiedlichsten Gründen wie etwa (1) *persönlichen Hetero-
genitäten* (die beispielsweise mit Behinderung oder Anfäl-
ligkeit für Krankheiten zusammenhängen), (2) *umweltbe-
zogenen Unterschieden* (wie etwa klimatischen Bedingungen
oder unterschiedlichen Bedrohungen durch ansteckende
Krankheiten oder lokale Verbrechen), (3) *Unterschieden bei
nicht-persönlichen Ressourcen* (wie etwa der Beschaffen-
heit des öffentlichen Gesundheitswesens oder des sozialen
Zusammenhalts) oder (4) *verschiedenen relativen Positionen gegenüber anderen* (Adam Smith veranschaulicht dies
sehr gut, wenn er in *Wealth of Nations* die Tatsache erörtert, dass die Kleidung und andere Ressourcen, die man
benötigt, »um sich ohne Scham in der Öffentlichkeit zu
zeigen«, davon abhängen, was andere Menschen standardmäßig tragen und wie sie typischerweise in dieser Gesellschaft leben).

40 Die Notwendigkeit, eine ausdrückliche Bewertung vorzunehmen, wird daher als Vorteil statt als Schwäche des Fähigkeitenansatzes verstanden. Für Argumente zu diesem Thema, die in verschiedene Richtungen weisen, vgl. Charles R.
Beitz, »Amartya Sen's Resources, Values and Development«,
in: *Economics and Philosophy* 2 (1986) S. 282–290; Bernard
Williams, »The Standard of Living: Interests and Capabilities«, in: Amartya Sen [u. a.], *The Standard of Living*, hrsg.
von Geoffrey Hawthorn, Cambridge, 1987, S. 94–102; Amartya Sen, *Inequality Reexamined* und »Capability and Well-
being«, in: Nussbaum/Sen, *The Quality of Life* [s. Anm. 38],
S. 31–53.

41 Der Fähigkeitenansatz kann erhebliche Unterschiede bei der Anwendung zulassen. Für eine etwas andere Perspektive vgl. Martha Nussbaum, »Nature, Function, and Capability: Aristotle on Political Distribution«, in: *Oxford Studies in Ancient Philosophy*, Zusatzband (1988), S. 145–154, und *Women and Human Development. The Capabilities Approach*. Nussbaum hat die Bedeutung, die die Bestimmung einer übergreifenden »Fähigkeiten-Liste« mit vorgegebenen Prioritäten hat, auf eine näher an das aristotelische Denken angelehnte Weise erörtert. Mein eigenes Widerstreben, mich an der Suche nach einer solchen kanonischen Liste zu beteiligen, liegt zum Teil daran, dass es mir schwerfällt nachzuvollziehen, wie die genauen Listen und Gewichtungen ohne angemessene Spezifizierung des Kontextes, in dem sie verwendet werden (und der variieren könnte), gewählt werden sollten. Zum Teil rührt es aber auch aus einer Abneigung dagegen, irgendeine substantielle Reduzierung der Domäne des vernünftigen öffentlichen Diskurses zu akzeptieren. Die Rahmenstruktur der Fähigkeiten, so wie ich sie begreife, trägt dazu bei, den *Gegenstand* des öffentlichen Diskurses zu klären und zu erhellen. Dieser kann epistemische Fragestellungen (einschließlich von Behauptungen darüber, was objektiv wichtig ist) ebenso wie moralische und politische Fragestellungen umfassen. Doch der Fähigkeitenansatz ersetzt nicht die Notwendigkeit eines öffentlichen Diskurses – und kann sie auch gar nicht ersetzen.

42 Susan Okin, »Poverty, Well-being and Gender: What Counts, Who's Heard?«, in: *Philosophy & Public Affairs* 31 (2003) S. 280–316. Zu verwandten Themen vgl. auch Joshua Cohen, »Review of Sen's *Inequality Reexamined*«, in: *Journal of Philosophy* 92 (1994) S. 275–288, bes. 278–280 und G. A. Cohen, »Review: Amartya Sen's Unequal World«, in: *The New Left Review* (1995) S. 117–129, bes. S. 120–125.

43 Ich habe dieses Thema in »Well-being, Agency and Freedom.
The Dewey Lectures 1984« [s. Anm. 33] erörtert. Wichtig
ist außerdem zu untersuchen, wie der Begriff der »Freiheit«
mit einer weitgefassten Idee von »Interesse« zusammen-
hängt, die Joseph Raz' begründeter Analyse zugrunde liegt:
»Rechte begründen die Pflicht, im Interesse anderer Wesen
zu handeln.« Vgl. *The Morality of Freedom*, Oxford 1986,
S. 180.

44 G. A. Cohen hat Argumente zugunsten einer Konzentration
auf erreichte Funktionsweisen – die im Zusammenhang mit
seinem Konzept des »midfare« stehen – statt auf Fähigkeiten
vorgebracht, vgl. seinen Aufsatz »On the Currency of Egalitarian Justice« und »Equality of What? On Welfare, Resources and Capabilities«, in: Nussbaum/Sen, *The Quality
of Life* [s. Anm. 38], S. 125–141. Vgl. auch Richard Arneson,
»Equality and Equality of Opportunity for Welfare«, in: *Philosophical Studies* 56 (1989) S. 77–112.

45 Karl Marx / Friedrich Engels, *The German Ideology*, in: *Karl
Marx. Selected Writings*, hrsg. von David McLellan, Oxford
1977, S. 90 [dt.: *Die deutsche Ideologie*, in: *Werke*, Bd. 3,
S. 424].

46 Obwohl hier nicht der passende Ort ist, um eine kritische
Bewertung des »Multikulturalismus« als einer Gesellschafts-
politik vorzunehmen, ist es vielleicht erwähnenswert, dass
ein großer Unterschied besteht zwischen (1) einer Wertschätzung des Multikulturalismus auf Grund der Art, wie
und insofern als er die Freiheiten der betroffenen Menschen
fördert zu wählen, so zu leben, wie sie es gern wollen (und
Grund haben zu wollen); und (2) einer Wertschätzung kul-
tureller Diversität *per se*, die sich auf die deskriptiven Merkmale einer gesellschaftlichen Struktur statt auf die Freiheiten der beteiligten Menschen konzentriert.

47 Fähigkeiten sind außerdem von zentraler Bedeutung für
das Verhältnis zwischen Multikulturalismus und der Gleich-

stellung der Geschlechter. Die wichtige Frage, die Susan Okin in ihrem Sammelband *Is Multiculturalism Bad for Women?*, hrsg. von J. Cohen, M. Howard und M. C. Nussbaum, Princeton 1999, stellt, dreht sich in hohem Maße um mögliche Spannungen zwischen dem Multikulturalismus und der Freiheit individueller Personen (in diesem Fall Frauen) innerhalb einer Gemeinschaft, frei zu überlegen und zu wählen, wie sie leben möchten.

48 Die Vielfalt der Belange, die sowohl die Prozesse als auch die Möglichkeiten umfasst und die unweigerlich bei normativen kollektiven Entscheidungen (einschließlich Theorien der Gerechtigkeit) im Spiel ist, wird in meinem Buch *Collective Choice and Social Welfare* [s. Anm. 16] sowie in »Well-being, Agency and Freedom. The Dewey Lectures 1984« [s. Anm. 33] erörtert. Da ich erlebt habe, dass behauptet wurde, ich würde eine »fähigkeitenbasierte Theorie der Gerechtigkeit« vertreten, sollte ich grundsätzlich klarstellen, dass dies nur in dem sehr eingeschränkten Sinne der Fall sein könnte, dass etwas nach seinem *Haupt*bestandteil benannt wird (vergleichbar etwa damit, dass man »England« für Großbritannien sagt oder »Holland« für die Niederlande).

49 Vgl. mein Buch *Collective Choice and Social Welfare* [s. Anm. 16], bes. Kap. 5–9, und »Well-being, Agency and Freedom. The Dewey Lectures 1984« [s. Anm. 33]. Die damit verbundenen Themen werden eingehender in meinem in Kürze erscheinenden Buch *Freedom and Justice* behandelt, das bei Harvard University Press veröffentlicht werden soll [Anm. der Übers.: 2004 hat Sen bei Harvard University Press *Rationality and Freedom* veröffentlicht, 2011 folgte *The Idea of Justice*; bisher ist kein Band mit dem Titel *Freedom and Justice* erschienen].

50 Der Vorschlag zur Verwendung des Fähigkeitenansatzes ergab sich tatsächlich im Rahmen der Feststellung einer Unzulänglichkeit in der Rawls'schen Konzentration auf Grund-

güter im Differenzprinzip zur Beurteilung von Verteilungsgerechtigkeit in meinen Tanner-Vorlesungen von 1979, die
als »Equality of What?« (1980) veröffentlicht wurden [dt.:
Gleichheit? Welche Gleichheit?, s. Anm. 38]. Bei der Beurteilung von Verteilungsgerechtigkeit hat der Fähigkeitenansatz meiner Ansicht nach auch Vorteile gegenüber der
Konzentration auf das, was Ronald Dworkin in »What Is
Equality? Part 2: Equality of Resources«, in: *Philosophy &
Public Affairs* 10 (1981) S. 185–243, als »Ressourcen« bezeichnet. Dworkin hat jüngst die Auffassung vertreten, dass es bei
einer bestimmten Interpretation keinen wesentlichen Unterschied zwischen meiner Konzentration auf Fähigkeiten
und seiner Konzentration auf Ressourcen gibt, während
bei einer anderen Interpretation er genau richtig und ich
schlichtweg falsch liegen würde. (*Sovereign Virtue. The Theory and Practice of Equality* [Cambridge 2000]). Ich widerste-
he der zugegebenermaßen ziemlich starken Versuchung, in
dem vorliegenden Aufsatz in diese Debatte einzutreten.

51 Die Begründung und die Reichweite eines folgenorientierten Grundgerüsts für diese Art von moralischer Argumentation werden in meinen Essays »Rights and Agency«, in:
Philosophy & Public Affairs 11 (1982) S. 3–39, »Positional
Objectivity«, in: *Philosophy & Public Affairs* 22 (1993) S. 126–
145 und »Consequential Evaluation and Practical Reason«
[s. Anm. 14] untersucht.

52 Angemessenen Raum für parametrische Variationen zu
schaffen, stellt ein allgemeines Merkmal rationaler Bewer-
tung und keine Besonderheit dar, die nur für moralische
Überlegungen im Besonderen gelten würde. Ich habe dieses
Thema in *Rationality and Freedom* (Cambridge 2002) in den
Essays 1–5 erörtert.

53 Die zentrale Bedeutung dieser allgemeinen Frage wird schlagkräftig von Thomas Scanlon erörtert: *What We Owe to Each
Other*, Cambridge 1998.

54 In dieser Analyse gehe ich nicht näher auf die Unterscheidung zwischen *Akteur-spezifischen* und *Akteur-neutralen*
moralischen Bewertungen ein. Die vorliegende Charakteri-
sierung lässt sich erweitern, indem man Platz für »positions-
spezifische« Bewertungen einräumt, und zwar so, wie ich
es in »Rights and Agency« und in »Positional Objectivity« zu
untersuchen versucht habe.

55 [Im Folgenden zit. aus: Aristoteles, *Nikomachische Ethik*,
übers. von Gernot Krapinger, Stuttgart 2017, S. 7.]

56 Die Zulässigkeit unvermeidlicher Mehrdeutigkeiten im Rahmen rationaler Bewertungen erörtere ich in »Internal Con-
sistency of Choice«, in: *Econometrica* 61 (1993) S. 495–521,
und in »Maximization and the Act of Choice«, in: *Econometrica* 65 (1997) S. 745–779, Repr. beider Essays in: *Rationality
and Freedom*. Vgl. auch *Inequality Reexamined*, S. 46–49,
131–135.

57 Vgl. z. B. Andrew Ashworth / Eva Steiner, »Criminal Omissions and Public Duties. The French Experience«, in: *Legal
Studies* 10 (1990) S. 153–164; Glanville Williams, »Criminal
Omissions. The Conventional View«, in: *Law Quarterly Review* 107 (1991) S. 86–98.

58 Wie Charles Beitz betont, spielen Menschenrechte »die Rolle eines moralischen Prüfsteins – eines Maßstabs zur Bewertung und Kritik inländischer Institutionen, eines Maßstabs für die auf sie gerichteten Reformbestrebungen und
zunehmend eines Bewertungsmaßstabs für die Grundsätze,
Vorgehensweisen und Praktiken internationaler wirtschaftlicher und politischer Organisationen«. Vgl. »Human Rights
as a Common Concern« [s. Anm. 10], S. 269.

59 Inhaltliche Analysen des Rechts auf Entwicklung wurden
im Entwicklungsprogramm der Vereinten Nationen (UNDP)
dargestellt: *Human Development Report 2000*, New York
2000; S. R. Osmani, »Human Rights to Food, Health and
Education«, UNDP / University of Ulster 2000; Arjun

Sengupta, »Development Policy and the Right to Development«, in: *Frontline, 7.* Februar bis 2. März 2001; Arjun Sengupta / Saborn Eide / Stephen Marks / Bård Anders Andreassen, »The Right to Development and Human Rights in Development«, vorgetr. auf dem Nobel-Symposium in Oslo zum Recht auf Entwicklung, Oktober 2003.

60 Es sei zudem darauf hinzuweisen, dass, auch wenn die Akteure, die sich mit Aktionen an der Förderung der Menschenrechte beteiligen, keinen besonderen gesetzlichen Status besitzen, sie dennoch Veränderungen in der politischen, sozialen und verwaltungsbezogenen Praxis bewirken können, indem sie die bestehenden Gesetze nutzen und sich zusätzlich dazu um öffentliche Enthüllungen und kritische Debatten bemühen. So ist beispielsweise im Unterschied zu den indischen und südafrikanischen Menschenrechtskommissionen, die im jeweiligen nationalen Recht anerkannt sind, die pakistanische Menschenrechtskommission im Grunde genommen nur eine Nichtregierungsorganisation, und doch war sie unter der visionären und mutigen Führung von Asma Jahangir, I. A. Rehman und anderen bemerkenswert wirkungsvoll in Hinblick auf die Feststellung von und den Widerstand gegen Menschenrechtsverletzungen und die Verteidigung schutzbedürftiger Personen, einschließlich religiöser Minderheiten und misshandelter Frauen. Für eine gute Diskussion einiger dieser Unterstützungsmaßnahmen vgl. *The State of Human Rights, 2001* (Lahore 2002).

61 Die Bedeutung und gesellschaftliche Tragweite der Beteiligung von Frauen an Familienentscheidungen wird in meinem Buch *Development as Freedom*, Kap. 8., »Women's Agency and Social Change« erörtert.

62 Für ein frühes Beispiel für einen wesentlich weiter gefassten Ansatz vgl. Mary Wollstonecraft, *A Vindication of the Rights of Woman. With Strictures on Political and Moral Subjects* (1792).

63 Sunstein, *After the Rights Revolution* [s. Anm. 4].

64 Onora O'Neill, *Towards Justice and Virtue* [s. Anm. 5], S. 131 f. Vgl. auch ihr Buch *Bounds of Justice*, Cambridge 2000.

65 Cranston, »Are There Any Human Rights?« [s. Anm. 5], S. 13.

66 Aus diesem Grund wäre es meiner Ansicht nach eine falsche Anwendung, wenn man das bekannte Prinzip »Sollen impliziert Können« geltend machen würde, um zu behaupten, dass Ansprüche, die noch nicht vollständig umsetzbar sind, überhaupt nicht als Rechte angesehen werden können. Erkennt man die moralische Überzeugungskraft einiger Ansprüche, ist man auch gefordert, darüber nachzudenken, was man tun sollte, um sie umsetzbar zu machen, indem man sich etwa für die Entwicklung neuer Institutionen einsetzt.

67 Dies entspricht dem, was Charles Beitz als die »praktische Konzeption« der Menschenrechte bezeichnet: »Zu sagen, dass etwas ein Menschenrecht ist, bedeutet zu sagen, dass gesellschaftliche Institutionen, die es versäumen, dieses Recht zu schützen, mangelhaft sind«, mit der Folge, dass »internationale Bemühungen, Reformen zu unterstützen oder zu fördern, legitim sind und in manchen Fällen moralisch geboten sein können.« (»Human Rights and the Law of Peoples«, in: *The Ethics of Assistance. Morality and the Distant Needy,* hrsg. von Deen Chatterjee [Cambridge 2004], S. 210. Vgl. auch Henry Shue, *Basic Rights. Subsistence, Affluence, and U. S. Foreign Policy* [Princeton 1980, ²1996]).

68 Obgleich diese Anforderung eine weitgehend prozedurale Form aufweist, schließt eben das Beharren auf einer freien, öffentlichen Diskussion, von der niemand ausgeschlossen wird, die Anerkennung von Gleichheit ein. Dies hat auch bedeutende Folgen für den Inhalt der Deliberation bzw. Beratung. Zu den wesentlichen Aspekten einer deliberativen Demokratie vgl. Joshua Cohen, »Procedure and Substance in Deliberative Democracy«, in: *Democracy and Difference.*

Contesting the Boundaries of the Political, hrsg. von Seyla Benhabib, Princeton 1996, S. 95–119.

69 John Rawls, *A Theory of Justice*, Cambridge 1971, und *Political Liberalism*, New York 1993, bes. S. 110–113. Zu damit verbundenen Aspekten vgl. auch Amy Guttman und Dennis Thompson, *Democracy and Disagreement*, Cambridge 1996, und *Democracy and Difference*, hrsg. von Seyla Benhabib.

70 Vgl. besonders John Rawls, *The Law of Peoples*, Cambridge 1999. Vgl. auch Rawls' Formulierung des Urzustandes [*original position*] in *Political Liberalism*, S. 12: »Ich nehme an, dass die Grundstruktur die einer geschlossenen Gesellschaft ist, d. h., wir müssen sie als in sich abgeschlossen und als nicht in Beziehungen zu anderen Gesellschaften stehend betrachten. [...] Dass eine Gesellschaft geschlossen ist, ist eine erhebliche Abstraktion, die nur gerechtfertigt ist, weil sie uns ermöglicht, uns auf bestimmte Hauptfragen zu konzentrieren, die frei von ablenkenden Details sind.« Sollte ich recht mit meiner Argumentation haben, beseitigen die Rawls'schen Beschränkungen sehr viel mehr als den Einfluss von »ablenkenden Details«.

71 Adam Smith, *The Theory of Moral Sentiments* (1759; überarb. Ausg. 1790, Repr.: Oxford 1976), III,1,2, S. 110. Der Smith'schen Perspektive bezüglich moralischer Argumentation wird in meinem Aufsatz »Open and Closed Impartiality«, in: *The Journal of Philosophy* 99 (2002) S. 445–469 näher nachgegangen.

72 Zit. in Steven Lukes, »Five Fables about Human Rights«, in: Ishay [Hrsg.], *The Human Rights Reader* [s. Anm. 1], S. 238.

73 [*Rosa Luxemburg:* 1871–1919, Organisatorin der Arbeiterbewegung, einflussreiche Vordenkerin, scharfe Kritikerin des Kapitalismus, Mitgründerin der Kommunistischen Partei Deutschlands (KPD), wurde von Freischärlern in Berlin ermordet.]

74 Rosa Luxemburg, »The National Question and Autonomy«, in: *The Human Rights Reader*, S. 291 [dt. Titel: »Nationalitätenfrage und Autonomie«; hier zit. nach: R. L., *Internationalismus und Klassenkampf. Die polnischen Schriften*, hrsg. von Jürgen Hentze, Neuwied 1971, S. 230].

75 Samuel P. Huntington, *The Clash of Civilizations and the Remaking of World Order*, New York 1996 [dt.: *Kampf der Kulturen. Die Neugestaltung der Weltpolitik im 21. Jahrhundert*, übers. von Holger Fliessbach, München 2015].

76 Gertrude Himmelfarb, »The Illusions of Cosmopolitanism«, in: *For Love of Country. Debating the Limits of Patriotism / Martha Nussbaum with Respondents*, hrsg. von Joshua Cohen, Boston 1996, S. 74 f.

77 Vgl. mein Buch *Development as Freedom*, Kap. 10. Vgl. außerdem »Human Rights and Asian Values«, in: *The New Republic*, 14. und 21. Juli 1997, S. 33–40; »The Reach of Reason: East and West«, in: *The New York Review of Books*, 20. Juli 2000, S. 33–38; »Democracy and Its Global Roots«, in: *The New Republic*, Oktober 2003, S. 28–35.

78 [*Robert's Rules of Order:* ein in den Vereinigten Staaten bekanntes Handbuch für die Geschäftsordnung von Sitzungen und Gremien.]

79 [Kaiserin Suiko: Die Kaiserin war Shōtokus Tante und Schwiegermutter.]

80 [*Maimonides:* 1135/38–1204, berühmter jüdischer Philosoph und Rechtsgelehrter.]

81 [*Giordano Bruno:* 1548–1600, italienischer Philosoph, Geistlicher und Astronom.]

82 [*Nelson Mandela:* 1918–2013, lange inhaftierter Mitbegründer des African National Congress (ANC), Kämpfer gegen die Apartheid, erster schwarzer Präsident Südafrikas.]

83 Nelson Mandela, *Long Walk to Freedom*, Boston 1994, S. 21 [dt. zit. aus: N. M., *Der lange Weg zur Freiheit*, übers. von Günter Panske, Frankfurt a. M. [18]2013, S. 35].

84 Beitz, »Human Rights as a Common Concern« [s. Anm. 10], S. 279 f.

85 Adam Smith, *The Theory of Moral Sentiments* (überarb. Aufl. 1790, v.2.15; Repr.: Oxford 1976), S. 210 [dt. Titel: *Theorie der ethischen Gefühle*].

86 Ich habe dieses Thema in »Open and Closed Impartiality«, in: *Journal of Philosophy* 99 (2002) S. 445–469 erörtert.

87 Adam Smith, *Lectures on Jurisprudence*, hrsg. von R. L. Meek, D. D. Raphael und P. G. Stein, Oxford 1978; Repr.: Indianapolis 1982, S. 104.

88 Smith, *The Theory of Moral Sentiments* [s. Anm. 85], III,1,2, S. 110.

89 Die Behandlung von Gefangenen, die von den Vereinigten Staaten im so genannten Krieg gegen den Terrorismus festgehalten wurden, wirft wichtige Fragen der Menschenrechte auf, und die Analyse der vorherrschenden Praxis kann durch eine umfassendere öffentliche Diskussion und ein besseres Verständnis der Art der weltweiten Bedenken zu diesem Thema unterstützt werden.

Bücher und Sammelbände von Amartya Sen (Auswahl)

Collective Choice and Social Welfare. San Francisco 1970. Erw. Ausg. London 2017.

On Economic Inequality. Oxford 1973. (Dt.: Ökonomische Ungleichheit. Frankfurt a. M. / New York 1975. Marburg ²2017.)

Employment, Technology and Development. Oxford 1975. New York 1981.

Poverty and Famines. An Essay on Entitlement and Deprivation. Oxford 1981.

Choice, Welfare and Measurement. Oxford 1982.

Resources, Values and Development. Oxford 1984.

Commodities and Capabilities. Amsterdam 1985.

The Standard of Living. In: Geoffrey Hawthorne (Hrsg.): The Standard of Living. The Tanner Lectures. Cambridge 1987. S. 1–38.

On Ethics and Economics. Oxford 1987.

(Mit Jean Drèze) Hunger and Public Action. Oxford 1989.

Inequality Reexamined. Cambridge 1992.

The Quality of Life. (Hrsg. mit Martha Nussbaum.) Oxford 1993.

Development as Freedom. Oxford 1999. (Dt.: Ökonomie für den Menschen. Wege zu Gerechtigkeit und Solidarität in der Marktwirtschaft. München 2002.)

Rationality and Freedom. Cambridge 2002.

The Argumentative Indian. Writings on Indian History, Culture and Identity. London 2006.

Identity and Violence. The Illusion of Destiny. New York / London 2006. (Dt.: Die Identitätsfalle. Warum es keinen Krieg der Kulturen gibt. München 2010.)

The Idea of Justice. London [u. a.] 2010. (Dt.: Die Idee der Gerechtigkeit. München 2017.)

(Mit Jean Drèze) An Uncertain Glory. India, and Its Contra-
dictions. Princeton 2013. (Dt.: Indien, ein Land und seine
Widersprüche. München 2014.)
The Country of First Boys. And other Essays. Neu-Delhi/
Oxford 2015.

Nachwort

Der vorliegende Aufsatz »Elemente einer Theorie der Menschenrechte« bringt Sens philosophisches Temperament besonders gut zum Ausdruck. Er will mit seiner Wissenschaft immer dazu beitragen, die Welt zu einem besseren Ort zu machen. Denn dafür, so ist er überzeugt, bedarf es einer guten theoretischen Basis. Deswegen fordert er Menschenrechtsaktivisten dazu auf, hin und wieder einmal in ihren praktischen Bemühungen innezuhalten und sich auf die Theorie der Menschenrechte zu besinnen. Nur dann können sie verhindern, dass sie sich immer wieder verrennen und ihr politisches Engagement zu einem blinden Aktionismus wird.

Was also soll solch eine Theorie der Menschenrechte leisten und was nützt sie für die Praxis? Sen hat ein sehr klares Verständnis davon, was Menschenrechte sind, nämlich zunächst vor allem moralische Forderungen. Allerdings handelt es sich bei diesen nicht um irgendwelche moralischen Forderungen, sondern sie beziehen sich auf besonders wichtige und sozial beeinflussbare Freiheiten. Menschenrechte führen dabei für alle Akteure zu vollkommenen und unvollkommenen Pflichten. Ihre Umsetzung umfasst oft, jedoch nicht immer ihre Verrechtlichung, geht aber auch über diese hinaus. Sie beziehen sich nicht nur auf bürgerliche und politische, sondern auch auf wirtschaftliche und soziale Freiheiten. In alle Menschen einschließenden, inklusiven und offenen globalen Diskussionen muss erst einmal bestimmt werden, was der genaue Gegenstand dieser Menschenrechte ist.

Sen stellt mit diesem Bild ein attraktives und zukunftsweisendes Verständnis der Menschenrechte vor. Es lohnt sich, diese von Sen vorgeschlagenen Elemente der Menschenrechte in die gegenwärtige akademische Diskussion einzuordnen.

1. Moralische Menschenrechte

Sen verteidigt die Idee der Menschenrechte gegen die bereits von Jeremy Bentham (1748–1832) vorgebrachte Kritik, dass Menschen keine angeborenen Rechte haben. Bentham zufolge sind Rechte nur soziale Konstrukte und immer an das jeweils gegebene positive Recht gebunden. Dagegen wendet Sen ein, dass Rechte eben nicht an positives Recht gebunden sein müssen, sondern ebenso als starke moralische Ansprüche verstanden werden können. Außerdem bedeutet ein Verständnis von Menschenrechten als natürlichen oder angeborenen Rechten nicht, dass man sie mit Hilfe naturwissenschaftlicher Methoden feststellen kann. Vielmehr lassen sie sich als zugeschriebene moralische Eigenschaften auffassen, die allen Menschen zukommen und in moralischen Diskursen erst festgelegt werden müssen. Auf diese Weise zeigt Sen, dass die Idee moralischer Menschenrechte nicht unverständlich ist.

Allerdings begegnen uns in der gegenwärtigen Diskussion zu der Frage, ob Menschenrechte moralisch, politisch oder rechtlich zu verstehen sind, zwei andere Argumente gegen das moralische Verständnis.[1] Erstens wird darauf hingewiesen, dass es sehr unterschiedliche Vorstellungen davon geben kann, welche moralischen Rechte allen Menschen zukommen. Deswegen sei es besser, so das Argument, die Bestimmung und Umsetzung der Menschenrechte als politischen Prozess zu verstehen, der inzwischen schon weit fortgeschritten ist und deshalb nicht mehr in Frage gestellt werden sollte.[2] Zweitens wird argumentiert, dass Menschenrechte nur dann praktisch wirksam werden, wenn sie in ein Rechtssystem eingebunden sind. Deswegen sei das rechtliche Verständnis von Menschenrechten vorrangig.[3]

Manchmal wirkt es in den Schriften von Sen so, als würde er diese politische und rechtliche Dimension bei Fragen der Menschenrechte und übrigens auch der Gerechtigkeit allgemein nicht hinreichend berücksichtigen. Das ist jedoch nicht der Fall, wie Sen in seinen Arbeiten zur Gerechtigkeit immer wieder

---

1 Vgl. für eine Übersicht Arnd Pollmann / Georg Lohmann (Hrsg.), *Menschenrechte. Ein interdisziplinäres Handbuch*, Stuttgart 2012.

2 Eine ähnliche Position vertritt prominent Charles Beitz, *The Idea of Human Rights*, Oxford 2009, vgl. bes. S. 102–117.

3 Den rechtlichen Charakter von Menschenrechten betont Allen Buchanan, *The Heart of Human Rights*, Oxford 2013, S. 65–77.

betont.[4] Vielmehr besteht er immer auf der Beto-
nung der moralischen Ebene im Zusammenhang mit
Menschenrechten und Gerechtigkeit. Seiner Überzeugung nach bilden moralische Vorstellungen und
individuelles Handeln den Kern unseres gerechten
Zusammenlebens. Wenn wir dauerhaft für mehr Gerechtigkeit sorgen wollen, dann müssen wir immer
wieder zu diesem Kern zurückkehren. Nur dann bleiben die Ideen der Menschenrechte und der Gerechtigkeit lebendig und wirkungsmächtig. Das ist fraglos
eine sehr idealistische, aber auch hoffnungsstiftende
Perspektive.

2. Freiheiten und Menschenrechte

Freiheiten bilden Sen zufolge die Grundlage der Menschenrechte. Genauer gesagt, geht es ihm um die sehr
grundsätzliche Freiheit, selbstbestimmt ein gelingendes Leben führen zu können. Alle anderen Freiheiten,
die für diese zentrale Freiheit notwendig sind, haben
das Potential, zu Menschenrechten zu werden, weil
sie durch diesen Bezug von fundamentaler Bedeutung sind. Allerdings müssen diese Freiheiten durch
menschliches Handeln beeinflussbar sein, damit sie
den Charakter eines Rechts bekommen können.
Deswegen gibt es kein Menschenrecht auf Freiheit

---

4 Vgl. insbes. Amartya Sen, *Die Idee der Gerechtigkeit*, S. 365–
414.

von tödlichen Krankheiten, sondern nur auf eine angemessene Gesundheitsversorgung. Sen vertritt also einen stark positiven Begriff von Freiheit. Eine bloß negativ verstandene Freiheit von Eingriffen anderer reicht nicht aus. Es geht ihm bei den Menschenrechten immer auch um die positive Freiheit, bestimmte Dinge wirklich tun und bestimmte Ziele wirklich erreichen zu können.

Mit seinem auf positiver Freiheit beruhenden Verständnis von Menschenrechten positioniert sich Sen zwischen dünnen auf Autonomie beruhenden Konzepten und sehr starken auf Würde basierenden Auffassungen davon, was Menschenrechte eigentlich sind.[5] Seiner Ansicht nach geht es um mehr als Autonomie im Sinne der kognitiven Fähigkeit zur Selbstbestimmung, weil auch die strukturellen, institutionellen und materiellen Voraussetzungen notwendig sind, um sich selbst bestimmen zu können. Nur dann sind Menschen wirklich frei. Würdekonzepte hingegen sind ihm inhaltlich zu gehaltvoll und wollen zu sehr bestimmen, was das gute Leben der Menschen denn nun genau ausmacht. Aus diesem Grund wendet er sich beispielsweise gegen das auf Würde beruhende Menschenrechtskonzept von Martha Nussbaum (* 1947), die eine Liste von Fähigkeiten festlegen

---

5 Für eine auf Autonomie beruhende Konzeption steht James Griffin, *On Human Rights*, Oxford 2008, S. 33–37. Für eine auf Würde beruhende Konzeption vgl. Martha Nussbaum, *Creating Capabilities. The Human Development Approach*, Cambridge 2013, bes. S. 62–68.

will, die man für ein gutes im Sinne eines würdevollen Lebens benötigt.

Natürlich geht diese auf Freiheiten ausgerichtete Auffassung von Menschenrechten auf den berühmten Fähigkeitenansatz von Sen zurück: Der besagt, dass nicht Güter, sondern Fähigkeiten die Grundwährung von Gerechtigkeit sind. Menschen haben einen Anspruch darauf, dazu befähigt zu werden, bestimmte Zustände zu erreichen und ein gelingendes Leben zu führen. Es reicht beispielsweise nicht, einen Menschen mit Nahrungsmitteln zu versorgen. Vielmehr muss man schauen, ob der Mensch mit diesen Nahrungsmitteln auch die Fähigkeit erwirbt, sich gesund zu ernähren. Eine schwangere Frau hat beispielsweise einen erhöhten Kalorienbedarf und ein kranker Mensch braucht vielleicht besondere Nährstoffe. Ein anderes Beispiel ist Mobilität. Rollstuhlfahrer werden durch Treppen nicht dazu befähigt, sich frei zu bewegen. Diese Beispiele zeigen, warum Sen Fähigkeiten und nicht einfach nur äußere Güter in den Mittelpunkt seiner Gerechtigkeitstheorie stellt.

Allerdings betont Sen auch, dass Fähigkeiten nur eine von zwei Seiten der menschlichen Freiheit beschreiben.[6] Freiheit hat nämlich erstens einen Prozess-

---

6 Vgl. bspw. Amartya Sen, *Ökonomie für den Menschen. Wege zu Gerechtigkeit und Solidarität in der Marktwirtschaft.* Für eine Übersicht vgl. Christian Neuhäuser, *Amartya Sen zur Einführung*, Hamburg 2013, S. 63–80, und Ingrid Robeyns, *Wellbeing, Freedom and Social Justice. The Capability Approach Re-Examined*, Oxford 2017, S. 23–29.

aspekt. Dabei geht es darum, auf welche Weise und mit welchen Mitteln ein Ziel erreicht wird. Es macht zum Beispiel einen Unterschied, ob sich Menschen durch eigene Arbeit ernähren können oder auf Nahrungsspenden angewiesen sind. Freiheit hat zweitens einen Möglichkeitsaspekt, und nur der wird vom Fähigkeitenansatz erfasst. Hier geht es darum, bestimmte Seinsweisen und Handlungsmöglichkeiten realisieren zu können, ganz egal wie. Den Unterschied zeigt ein plakatives Beispiel: Mit einem Fahrstuhl hat eine Rollstuhlfahrerin die Freiheit im Sinne der Möglichkeit, in den fünften Stock zu fahren. Sie hat aber nicht die Freiheit im Prozesssinne, selbständig die Treppe in den fünften Stock zu nehmen. Viele Menschenrechte betreffen sowohl den Prozess- als auch den Möglichkeitsaspekt der Freiheit, betont Sen. Es reicht beispielsweise nicht, gut regiert zu werden, sondern es ist wichtig, diese Regierung selbst wählen zu können. Es reicht auch nicht, gut ernährt zu werden, sondern es ist von Bedeutung, selbst für seine Ernährung sorgen zu können.

3. Menschenrechtspflichten

Aus den zentralen Freiheiten, die Menschen dafür brauchen, um ihre Vorstellung vom gelingenden Leben verfolgen zu können, ergeben sich Rechte. Aus diesen Rechten wiederum ergeben sich Pflichten. Sen vertritt eine schwach konsequentialistische, also eine auf die Ergebnisse zielende Position, weil Rechte und Pflichten instrumentell für Freiheiten sind. Allerdings gelten diese Rechte und Pflichten tatsächlich und haben ihre eigene normative Kraft, dürfen also nicht einfach so übergangen werden.[7] Pflichten unterscheiden sich von anderen moralisch guten Handlungen dadurch, dass sie wirklich verpflichtend und nicht einfach nur wünschenswert sind.

Allerdings besteht ein Problem darin, dass nicht klar ist, wie weit die Menschenrechtspflichten von Akteuren gehen. Sen unterscheidet Kant folgend zwischen vollkommenen und unvollkommenen Pflichten. Bei unvollkommenen Pflichten lässt sich nicht abstrakt bestimmen, was sie umfassen. Vielmehr müssen moralische Akteure selbst bestimmen, wie viel sie leisten können. Sie legen den konkreten Inhalt dieser Menschenrechtspflichten letztlich also selbst fest. Das betrifft insbesondere positive Pflichten, anderen zu helfen. Bei negativen Pflichten, andere nicht zu schädigen, ist oft sehr viel klarer, was zu tun ist. Meistens sind sie auch weniger fordernd. Allerdings stellt sich hier zum Beispiel die Frage, ab wann genau eine Schädigung vorliegt, und zudem, wie viel man tun muss, um Schädigungen durch Dritte zu verhindern.

Indem Sen moralischen Akteuren die Verantwortung zuschreibt, diese Fragen selbst zu klären, nimmt

7 Besonders deutlich legt Sen diese Position dar in seinem Essay »Rights and Agency«, in: *Philosophy and Public Affairs* 11 (1982) Nr. 1, S. 3–39.

er sie grundlegend in die Pflicht, von ihrer praktischen Vernunft aktiv Gebrauch zu machen. Vielen anderen Philosophen ist das jedoch nicht genug. Das sei viel zu unbestimmt, kritisieren sie und fordern daher philosophisch begründete und eindeutig bestimmte Pflichten.[8] Sen ist jedoch der Meinung, dass dies nicht funktioniert. Für seine Sichtweise spricht immerhin, dass eine solche philosophische Bestimmung noch niemandem gelungen ist. Außerdem sind solche Festlegungen seiner Ansicht nach auch gar nicht wünschenswert. Nur wenn Menschen sich auch in moralischer Hinsicht selbst bestimmen, wird ihr Status als moralische Akteure wirklich ernst genommen.

Daran schließt sich allerdings eine weitere Kritik an seinem Menschenrechtsverständnis an. Ihr zufolge kann man von den meisten Menschen nicht erwarten, dass sie ihren moralischen Menschenrechtspflichten nachkommen. Deswegen, so die Kritik, ist ein interaktionales Verständnis von Menschenrechten verfehlt und muss durch ein institutionelles Verständnis ersetzt werden.[9] Die so einfache wie einleuchtende Antwort von Sen besagt, dass wir kaum gute Institutionen ohne pflichtbewusste Menschen haben können.

8 Vgl. bspw. Andrea Sangiovanni, *Humanity without Dignity. Moral Equality, Respect, and Human Rights*, Cambridge 2017, S. 191–205.
9 Vgl. dazu Thomas Pogge, *Weltarmut und Menschenrechte. Kosmopolitische Verantwortung und Reformen*, Berlin 2011, bes. S. 212–222.

4. Umsetzung der Menschenrechte

Dennoch ist Sen natürlich klar, dass es nicht aus-
reicht, einfach auf moralisch handelnde Menschen
zu bauen. Dies würde zu keiner besonders robusten
Theorie der Menschenrechte führen. Außerdem spielen die politische und rechtliche Ebene ebenfalls eine
wichtige Rolle. Einige moralische Menschenrechte
sollten Sen zufolge in positives Recht überführt und
in ein durchsetzungsfähiges Institutionengefüge eingebunden werden. Allerdings ist das nur eine Form
der Institutionalisierung von Menschenrechten. Die
zweite Form zielt auf die allgemeine Anerkennung
der Menschenrechte ab und besteht beispielsweise
darin, Menschenrechtserklärungen zu verfassen, die
den Status eines jeden Menschen als Rechteträger
emphatisch zum Ausdruck bringen. Die dritte Form
besteht in einem politischen aktiven Bemühen um
Menschrechte, beispielsweise bei der Überwachung
der Einhaltung von Menschenrechten und der öffentlichen Anklage von Verletzungen.

Hier stellt sich allerdings durchaus die Frage, ob Sen
die Argumente politischer und rechtlicher Konzep-
tionen der Menschenrechte nicht unterschätzt. Denn
einerseits stimmt es natürlich, dass wohlmeinende
Absichtserklärungen und engagierter politischer Aktivismus gut und wichtig sind. Allerdings geht es bei
Menschenrechten immerhin darum, die Rechte so
gut wie möglich zu sichern, gerade weil es sich bei
ihnen um so wichtige Belange handelt, die für ein

gelingendes Leben von fundamentaler Bedeutung sind. Solch eine Absicherung kann aber nur durch politische und rechtliche Institutionen geleistet werden, die einerseits hinreichend legitimiert, andererseits aber auch mächtig und stark genug sind, um einen dauerhaften Menschenrechtsschutz zu gewährleisten.[10] Davon sind wir aber, wenn wir die gegenwärtige Weltlage anschauen, noch weit entfernt. Vielleicht übersieht Sen also die Bedeutung dieser Machtfrage in seinen theoretischen Überlegungen.

5. Wirtschaftliche und soziale Menschenrechte

Die Ausrichtung der Menschenrechte auf die Umsetzung und Garantie menschlicher Freiheit erklärt auch, warum Sen wirtschaftliche und soziale Rechte für einen zentralen Bestandteil der Menschenrechte hält. Diese Rechte sind wichtig dafür, einen eigenen Lebensweg verfolgen zu können.[11] Dabei geht es eben nicht nur darum, bestimmte Ziele zu erreichen, sondern auch darum, diese Ziele selbständig erreichen zu können. Diese Art der praktischen Selbstbestimmung hat jedoch substantielle wirtschaftliche

10 Für eine Übersicht über die Diskussion vgl. Samuel Moyn, *The Last Utopia. Human Rights in History*, Cambridge 2012, S. 176–211.

11 Auf eindrückliche Weise macht diesen Punkt Kimberley Brownlee, *Being Sure of Each Other. An Essay on Social Rights and Freedoms*, Oxford 2020, S. 49–55.

und soziale Voraussetzungen, die Sen zufolge genau deswegen auch Menschenrechtscharakter besitzen. Wichtige Voraussetzungen für eine selbständige Lebensführung sind beispielsweise, wie Sen in vielen seiner Arbeiten gezeigt hat, Bildung und die Möglichkeit, einer auskömmlichen Erwerbsarbeit nachgehen zu können.

Üblicherweise werden zwei Standardeinwände gegen soziale und wirtschaftliche Menschenrechte vorgebracht, die Sen allerdings überzeugend entkräftet. Erstens lassen sich diese Rechte, so heißt es, schlecht institutionalisieren. Dem hält Sen sein moralisches Verständnis der Menschenrechte mit unterschiedlich klar bestimmten Pflichten entgegen. Diese müssen nämlich gar nicht unbedingt institutionalisiert werden. Allerdings ließe sich hier auch noch etwas kritischer fragen, ob es denn überhaupt stimmt, dass eine Institutionalisierung nicht möglich sei. In Europa finden sich viel weitergehend ausgebaute Sozialstaaten als in den meisten anderen Ländern der Welt. Warum sollte das nicht global möglich sein? Diese Frage verweist auf den zweiten Kritikpunkt gegen soziale und wirtschaftliche Menschenrechte. Diese seien gegenwärtig aus politischen Gründen einfach nicht realisierbar. Diesem Einwand hält Sen entgegen, dass Menschenrechte nicht davon abhängen, ob sie gegenwärtig realisierbar sind oder nicht. Man kann sie auch als Ziele verstehen, deren Erreichbarkeit in der Zukunft anzustreben ist. Menschenrechte als Ziele zu verstehen – das ist ein wichtiger Gedanke. Allerdings lässt sich auch hier wieder kritisch einwenden, ob die gegenwärtigen Bemühungen zum Erreichen dieser Ziele ausreichend sind oder nicht.[12]

6. Menschenrechtsdiskurs

Die vielleicht größte Stärke der Menschenrechtstheorie von Sen besteht darin, wie sehr er die Notwendigkeit eines globalen Diskurses über Menschenrechte betont. Ihm ist es wichtig, dass dieser Diskurs möglichst alle einschließt und barrierefrei stattfindet, weil er nur dann vernünftig sein kann. Menschen müssen die Stimmen vieler anderer Menschen hören, um deren Standpunkte zu verstehen und in ihren dann wirklich unparteilichen Urteilen zu berücksichtigen. Solch ein Diskurs wird auch zum Ergebnis haben, so ist Sen überzeugt, dass die Menschenrechte nicht als westlich oder als auf westlichen Werten beruhend zu verstehen sind. Vielmehr gibt es in allen Kulturen und Zivilisationen verschiedene Quellen für die Idee der Menschenrechte. Er verweist beispielhaft auf die Ideen von Buddha, Aśoka, Shōtoku, Saladin und Akbar.[13]

Auch dies ist eine sehr hoffnungsvolle Botschaft. Außerdem besitzt die Forderung, dass es eines glo-

---

12 Das diskutiert Samuel Moyn, *Not Enough. Human Rights in an Unequal World*, Cambridge 2018, bes. S. 184–202.

13 Vgl. dazu Amartya Sen, *Die Idee der Gerechtigkeit*, S. 151–180, und Amartya Sen, *The Argumentative Indian*, S. 273–293.

balen, öffentlichen und inklusiven Diskurses über Menschenrechte bedarf, eine sehr große Überzeugungskraft. Angesichts der jüngeren Geschichte von Imperialismus, Kolonialismus und globaler wirtschaftlicher Ausbeutung stellt solch ein Diskurs eine wichtige Grundlage für wechselseitige Anerkennung und Annäherung dar.

Gleichzeitig wirkt diese Hoffnung von Sen einigermaßen optimistisch. In einer Welt, die zunehmend von Patriotismus, Propaganda und Populismus beherrscht wird, stehen die Chancen für einen globalen vernünftigen Diskurs nicht sonderlich gut. Einen Grund mehr, so würde Sen wohl erwidern, die Hoffnung nicht aufzugeben, sondern in theoretischen Arbeiten und politischem Aktivismus auf einen offenen und transformativen Diskurs hinzuarbeiten.[14]

Ausblick

Die Arbeiten von Sen sind als theoretischer Beitrag zu einem möglichst inklusiven Diskurs über die Menschenrechte und ihre Weiterentwicklung zu verstehen. Sen ist kein spezialisierter Menschenrechtstheoretiker, wie beispielsweise Charles Beitz (* 1949), Kimberley Brownlee (* 1978), Allen Buchanan (* 1948), James Griffin (1933–2019) oder Samuel Moyn (* 1972). Er hat aber auch gar nicht den Anspruch, einen Beitrag

---

14 Vgl. Amartya Sen, *Die Identitätsfalle*, S. 190–193.

zu akademischen Detaildiskussionen zu liefern. Vielmehr geht es ihm darum, und das zeigt der vorliegende Aufsatz ganz eindrücklich, die Konsequenzen seiner ökonomischen Überlegungen zu einer menschendienlichen Wirtschaft und seinen gerechtigkeitstheoretischen Überlegungen zur menschlichen Freiheit auch auf die Idee der Menschenrechte zu beziehen. Die Wissenschaft steht für ihn klar im Dienst der Praxis. Die zentrale Frage für Sen lautet wohl: Wie können wir die Idee der Menschenrechte so stärken und ausbauen, dass sie für immer mehr Menschen zu einem Leben in realer und robuster Freiheit beiträgt? Offensichtlich wollte er mit seinem Text für uns alle eine Denkbewegung in diese Richtung anstoßen. Man kann nur hoffen, dass ihm das gelungen ist.

Zum Autor

Amartya Sen (* 3.11.1933) wurde im westindischen Santiniketan geboren und ist dort in die berühmte Schule von Rabindranath Tagore (1861–1941) gegangen. Er lebte mit seiner Familie in Dhaka, damals noch indisch und heute die Hauptstadt von Bangladesch. Bereits mit 23 Jahren hatte er seine erste Wirtschaftsprofessur an der neugegründeten Jadavpur Universität in Kalkutta (1956–58) inne, lehrte dann an der Delhi School of Economics (1963–71) und der London School of Economics (1971–77). Mit 45 Jahren wurde er Professor für Ökonomie an der renommierten Universität von Oxford (1977–80).

Der indische Wirtschaftswissenschaftler hatte schon damals internationale Anerkennung und Bekanntheit besonders für seine Arbeiten zur Sozialwahltheorie[1] (*Social-Choice*-Theorie) erlangt. Darüber hinaus hatte er zu diesem Zeitpunkt u. a. bereits zu Wohlfahrtsökonomik, ökonomischen Messungen, ökonomischer Ungleichheit, ökonomischer Entwicklung, Rationalität ökonomischen Verhaltens sowie zu Armut und Hunger publiziert.[2]

Sen hatte Wirtschaftswissenschaften in Kalkutta

1 Vgl. bes. *Collective Choice and Social Welfare*; ein Sammelband mit wichtigen Aufsätzen Sens aus den 1960er und 1970er Jahren auf diesem Gebiet findet sich in *Choice, Welfare and Measurement*.

2 Zur ökonomischen Ungleichheit vgl. *On Economic Inequality* (dt.: *Ökonomische Ungleichheit*), *Inequality Reexamined*;

und sodann in Cambridge studiert, wo er im Jahr 1959 auch seinen Doktortitel erwarb. Schon früh zeigte er Interesse an gesellschaftlichen Fragen bzw. an Fragen, die sich um die Bedürfnisse von Menschen, um ökonomische Ungleichheit, um Armut und Hunger und körperliche und soziale Benachteiligungen drehen. In seiner Kindheit und Jugend hatte er in den 1940er Jahren die zunehmenden gesellschaftlichen Spannungen und die aufkommende Gewalt zwischen Hindus und Muslimen in seiner Heimat Indien beobachtet sowie die existentiellen Nöte und die ökonomische Unfreiheit insbesondere der ärmsten Bevölkerungsgruppen erlebt, die sich der Gewalt am wenigsten entziehen konnten.[3] Er bekam als Kind mit, wie während der großen Hungersnot im damals noch britisch-indischen Bengalen im Jahr 1943 Millionen Menschen verhungerten. Aus Sens Sicht wäre diese Hungerkatastrophe vermeidbar gewesen, wurde sie doch u. a. durch eine fehlende Demokratie und damit einhergehend mangelhafte öffentliche Informationen und Diskussionen auf Grund einer fehlenden freien und unabhängigen Presse mitverursacht.[4]

zur Entwicklungsökonomie vgl. *Employment, Technology and Development*; zur Armut vgl. *Poverty and Famines*.

3 Vgl. Sens autobiografischen Essay, den er für den (jährlich von der Schwedischen Reichsbank vergebenen) Alfred-Nobel-Gedächtnispreis für Wirtschaftswissenschaften 1998 verfasste und der auf der offiziellen Nobelpreis-Website abrufbar ist (s. *Development as Freedom*).

4 Vgl. ebd., außerdem *The Idea of Justice*, S. 338 ff. (dt.: *Die Idee*

Obwohl Sen Wirtschaftswissenschaften studiert hatte, wiesen viele Fragestellungen, die ihn interessierten, Schnittmengen mit philosophischen Themen auf. Für ihn war es entsprechend ein Glücksfall, dass er mit seiner Doktorarbeit ein vierjähriges Stipendium als Wissenschaftler in Cambridge gewann. Dies ermöglichte ihm, seinen philosophischen Interessen frei nachzugehen und zusätzlich Philosophie – neben Erkenntnistheorie und Logik besonders Ethik und Politische Philosophie – zu studieren. Es fiel ihm leicht, philosophische und ökonomische Gedanken miteinander zu verknüpfen. Entsprechend beteiligte er sich an philosophischen Debatten, publizierte zu moralischen Themen und tauschte sich im Lauf der kommenden Jahrzehnte mit den wichtigen Philosophen seiner Zeit aus – unter ihnen Bernard Williams (1929–2003), John Rawls (1921–2002), Isaiah Berlin (1909–1997), Martha Nussbaum (*1947), Ronald Dworkin (1931–2013), Derek Parfit (1942–2017), Thomas Scanlon (*1940) und Robert Nozick (1938–2002).

Ab 1980 wechselte Sen in Oxford auf den Lehrstuhl für Politische Ökonomie und 1987 auf eine Professur für Ökonomie und Philosophie an der Harvard University. Dort lehrt er – abgesehen von einer fünfjährigen Unterbrechung, in der er von 1998 bis 2003 als Rektor des Trinity College an der Universität von Cambridge tätig war – bis heute. Im Lauf seiner

der Gerechtigkeit, bes. Kap. 16: »Die demokratische Praxis«, S. 366 ff.).

wissenschaftlichen Karriere hat Amartya Sen viele wichtige Aufsätze und Bücher publiziert und zahlreiche Preise und Ehrungen erhalten, darunter im Jahr 1998 den Nobelpreis für Wirtschaftswissenschaften für seine Beiträge zur Wohlfahrtsökonomik und im Jahr 2020 den Friedenspreis des Deutschen Buchhandels. Während er unter Ökonomen u. a. für seine Arbeiten in diesen Bereichen bekannt wurde, wird er unter Philosophen und Sozialwissenschaftlern besonders für seinen Fähigkeitenansatz, aber auch für seine Beiträge zur Armuts- und Entwicklungsforschung, zu Freiheit, Gleichheit, Gerechtigkeit und Identität wahrgenommen.